本书系国家社科基金项目"21世纪'海上丝绸之路'建设与南海战略研究"(批文号:14ZDA078)阶段性成果

南海评论 2
SOUTH CHINA SEA REVIEW

吴士存◎主编

世界知识出版社

中国南海研究院　主办

《南海评论》编委会

1. **顾问**

    傅　莹

2. **主编**

    吴士存

3. **编委**（以汉语拼音为序）

    范从来　冯　梁　高圣惕　高之国　洪　农　贾兵兵

    贾　宇　李国强　李明江　刘复国　鞠海龙　沈丁立

    沈固朝　薛桂芳　查道炯　张仁平　张　炜　张新军

    郑永年　邹克渊　朱　锋

3. **编辑**（以汉语拼音为序）

    陈平平　陈相秒　张　舒

规则、制度与秩序：南海形势的新格局

（代序）

在8月初举行的中国—东盟外长会议上，中国和东盟国家就"南海行为准则"（以下简称"准则"）形成单一文本达成共识，此举在赢得国际社会广泛赞誉的同时，也标志着南海形势的发展进入了一个新的阶段：规则、制度与秩序构建。事实上，自2016年下半年菲律宾南海仲裁案落下帷幕以来，中国采取了一系列稳定南海局势的措施，比如，推动中菲关系持续改善、加快"准则"磋商、加强中国—东盟安全合作等，持续引导南海局势向好发展。但我们也要看到，中国与菲律宾、越南、马来西亚等声索国围绕南海岛礁领土主权和海域管辖权主张争议，这一实质问题并未解决，美国、日本等部分域外国家围绕南海的航道控制、资源开采及海权优势等地缘政治利益诉求并不会放弃。因此，从这一视角看，未来一段时期，南海形势出现颠覆性变化的可能性虽然不大，但目前这种趋缓、向好的局面只是暂时和表面的，不能完全排除未来出现阶段性、局部性动荡的可能。

争端方从谋求岛礁建设和海域管控优势
向海上规则和地区秩序构建迈进

近一段时间以来，南海局势降温趋缓的总体态势并未改变，具体表现

为三个方面:

一是中国塑造和掌控南海局势的能力明显提升。在多边层面,从中国和东盟关系层面看,2016年中国—东盟领导人峰会达成诸多重要共识,如:正式宣布《中国与东盟国家应对海上紧急事态外交高官热线平台指导方针》和《中国与东盟国家关于在南海适用〈海上意外相遇规则〉的联合声明》,为管控海上潜在冲突和风险构建了及时有效的防控机制和联络渠道。2017年11月,中国和东盟国家进一步就正式启动"准则"案文磋商达成共识。在双边层面,中国海警局与越南海警司令部、菲律宾海岸警卫队签署合作谅解备忘录,建立海警海上合作联合委员会等安全执法合作机制。同时,中国与马来西亚、印尼两国的海上执法合作也正在紧锣密鼓的商谈之中。此外,中菲于2017年5月正式启动的南海问题双边磋商机制,为两国就推进南海有关海域开展油气联合勘探和共同开发合作、渔业合作和联合执法、稳定中菲关系提供了政府间的重要对话和交流平台。这标志着中菲南海问题重回双边对话和协商解决争议的正确轨道。

二是中菲关系持续改善。中菲两国高层频繁会晤引领双边关系健康发展、趋稳向好,为当前南海形势的稳定作出了重要贡献。菲律宾总统杜特尔特自2016年6月上任以来,于2016年10月、2017年5月和2018年4月先后三次访华,习近平主席也在G20领导峰会和APEC非正式领导人会议等多边场合与杜特尔特会晤,李克强总理2017年11月访问菲律宾。同时,中菲之间已经开始在联合执法、渔业等领域开展合作,并正在进行油气共同开发的探讨。2018年3月以来,中菲在推进油气联合勘探与开发合作问题上取得了突破性的进展,目前已成立特别工作组,就联合研究、勘探、开发和使用南海油气资源提出建议并制定方案,且两国石油开发企业也已开始前期磋商。

三是美日澳越等域内外国家推动南海局势升温显得力不从心。为保持对南海事务的持续介入，以南海问题为抓手扩大在本地区的政治与军事存在，从而牵制中国在南海战略优势的形成，这既是特朗普执政以来美国南海政策的主要特征，也是日、澳等美国的东亚盟友处理南海问题的主要政策取向。2016年和2017年的东盟外长系列会议及2018年东盟地区论坛期间，美日澳三国外长都发表联合声明，指责中国在南海的岛礁建设行动，声称仲裁裁决"对当事国有约束力"。越南近期不断推进在南沙有关争议海域的单边油气开发，并积极强化与日美印澳等军事安全合作，通过主办国际会议炒作仲裁裁决和南海岛礁"军事化"问题，试图再次炒热南海争议。但上述国家的行动并未得到其他国家的呼应和支持，故没有对南海争端"降温、趋缓"的良好态势产生大的负面影响。

与此同时，中国与东盟国家明显加快"准则"的磋商进度，着力拉长地区安全合作相对滞后的"短板"，开始致力于通过规则和机制建设来稳定南海局势。从2017年5月至今，中国与东盟十国相继就"准则"框架和单一磋商文本达成共识，"准则"磋商取得了快速而突破性的进展。启动案文磋商不仅标志着"准则"制定进入了新阶段，同时还标志着中国与东盟国家开启了致力于通过规则和机制建设来稳定南海局势的新进程。对于处理南海有关争议而言，"准则"将为有关各方的海上资源开发、联合军演、海上合作、岛礁控制等涉海行为确立规范，同时也为各方管控海上潜在冲突和防止冲突升级建立长效机制。但"准则"的意义远不止于此，它将为构建一个基于规则、制度化的南海地区安全秩序，着力解决长期以来中国和东盟国家安全合作滞后的问题，增进彼此政治和安全互信，提供机制化的保障。

但需要注意的是，当前南海形势同样面临诸多新的挑战和不稳定因素。尤为需要保持警惕的是，菲律宾南海仲裁案裁决的负面影响开始显现，部分域内外国家一方面利用裁决进行单边活动，强化非法侵占和单方面主张,另一方面试图以侵权行为为裁决"背书"。2017年以来,越南在南沙万安滩海域的单方面油气开发活动、印尼将南海部分海域命名为"北纳土纳海"、美国的航行自由行动频繁进入美济礁等南海岛礁12海里范围,无不与仲裁裁决试图全面否定中国在南海享有的历史性权利和海洋权益密切相关。美国的航行自由行动,在奥巴马时代一共进行了四次,而特朗普政府上台至今已经进行了七次,其中四次更是进入美济礁附近海域。这与仲裁裁决将美济礁裁定为位于菲律宾专属经济区内的低潮高地密切相关。由此笔者认为,仲裁裁决并未"寿终正寝",其负面影响开始逐步显现。

未来南海形势"稳中有变",应对阶段性、局部性动荡保持警惕

从总的方面来讲,未来南海形势出现颠覆性变化的可能性虽然不大,但是由于南海问题所涉及的领土争议和海域主张争议等实质性问题没有解决,由地缘政治因素所引发的区域内外有关各方围绕航道控制、资源开采、海权而展开的利益博弈将会加剧,因此不能完全排除出现阶段性、局部性动荡的可能。具体而言,南海形势的发展面临四个新的不确定性因素:"准则"案文磋商正式启动,从磋商到"准则"生效这段时间可能会被部分声索国视为巩固和扩大其单方面主张的"窗口期";随着中国南沙岛礁的设施部署逐步提上日程,域内外国家可能会再度炒作南海岛礁"军事化"问题;美日澳印"印太战略"的渐趋成型和付诸实施,美日军事同盟在南海和印度洋方向针对中国的地缘战略部署将会逐步拉开序幕。

第一,中美以军事互动为主要表现形式的南海博弈将是影响南海形势发展变化的主要因素。美国在包括南海在内的西太平洋地区与中国的战略竞争态势,必然使其一方面通过加强与一些南海周边国家的军事合作,牵

制和遏阻中国在南海方向的海上力量发展；另一方面，单独或拉拢日本等盟国在南海进行的航行自由行动和抵近侦察会更加频繁、更具挑衅性。特朗普上台以来，美军南海航行自由行动和对周边国家军事基地访问日趋频繁。2017年11月，特朗普政府正式提出"美国版"的"印太战略"，南海成为将这一战略付诸实践的重要地带和抓手。同时，美国国内（如前海军作战部长加里·拉夫黑德）近期还不断释放信号称，如果想要遏制中国，美国需要拿出比航行自由行动更加有力的手段。为了有效应对美国的航行自由行动，随着南沙岛礁相应设施逐步部署到位，中方应对美国挑衅行动的手段和措施也会更加多样化并具有一定的威慑效应。基于此，不难断言，中美南海以军事互动为主要表征的地缘政治博弈将长期成为影响未来南海海上形势发展的一条主线。

第二，作为美国在亚太地区的两个重要盟友，日本和澳大利亚对南海事务的介入，将成为影响南海形势发展的一个新的变数。从海上自卫队进入南海、与一些南海声索国军事色彩浓厚的双边合作及利用各种多边场合推动发表有关南海问题的联合声明等动作来看，日本已经将介入南海事务作为谋求军事大国地位、推动修改和平宪法、牵制中国发展和干扰中国—东盟关系的主要手段。在外交上，2018年3月，日本挑头推动在加拿大召开的"七国集团"（G7）外长会议发表声明，要求中国执行裁决，指责中国在南海搞"军事化"。从军事上看，2017年5—8月，日本海上自卫队第一次成体系、长时间的在南海地区活动，访问越南、菲律宾港口，在印度洋参加美印的联合军事演习，今年8月底开始，其"加贺"号驱逐舰又进入南海地区活动，可见，日本军事力量已经事实上延伸到南海。澳大利亚则是通过外交和政治上的高调发声，实现对南海事务的介入。2017年11月澳大利亚政府发布的14年来首份《2017年外交政策白皮书》声称，反对出于军事目的南海岛礁建设，仲裁裁决对各方均有约束力，矛头直指中国。澳大利亚亦试图推动其在南海地区的军事存在，比如2018年4月派遣了2艘护卫舰和1艘补给舰访问了越南、菲律宾和马来西亚的港口，并进入南海争议海域。同时，日、澳也是美国所提出的、明显带有针对中国性质的"印太战略"的推动者、支持者和参与者，将来势必会紧跟美国战略调整步伐，加大利用南海问题扩大在这一地区的地缘政治存在。

第三，今后相当长时间内，四个重大因素将可能引发海上形势再度升温。一是中国在南海岛礁上的防御性军事设施部署可能引起中美两国海上军事较量进一步升级。二是美国航行自由行动会更加频繁，而中国反制的手段也会越来越多样化和更加有力，因此这种频繁的你来我往的互动无疑将会驱动南海形势再度升温。三是随着"准则"案文磋商正式提上议事日程和进入快车道，中国与东盟有关各方围绕"法律约束力""军事活动""机制属性"等问题的矛盾和分歧将逐步凸显。四是少数国家在南海争议地区的单边行动会导致南海形势更加复杂动荡。特别是越南将会继续抓住时机重返万安北争议地区启动单边油气开采活动。

第四，未来越南有可能在美国、日本的挑唆和支持下，推动"西沙问题"国际化、在争议地区开展单边油气开发及所占岛礁填岛扩建和加强军事设施部署等，从而成为继菲律宾之后美日搅局南海稳定的"代理人"。同时，菲律宾南海政策的两面性亦不能忽视。杜特尔特在改善中菲关系、"搁置"仲裁裁决、开展共同开发合作等问题上始终面临菲国内亲美反华势力的阻扰。菲国内要求杜特尔特"拒绝来自中国的经济诱惑""坚持裁决有效"的呼声始终不绝于耳。因此，未来中菲关系进一步改善恐难一帆风顺。

第五，仲裁裁决的负面影响阶段性显现将成为常态，其对中国南海维权、推动海上合作和"准则"案文磋商的干扰不容低估。菲律宾现政府虽然暂时搁置仲裁裁决，但随着未来菲政局变化，重提仲裁裁决的可能性不能排除。越、马等其他南海声索国也是仲裁裁决事实上的受益者,仍有可能利用裁决开展针对中国的侵权活动。美日澳等域外国家也不会心甘情愿地任由中国将裁决视为一张"废纸"。"扩建岛礁"的法律地位、"争议地区"范围界定以及南海争端是否可诉诸司法仲裁解决等问题都将会长期存在并时而凸显。仲裁裁决的负面影响还会继续发酵,其对中国南海维权、推动海上合作和"准则"案文磋商的干扰将逐步浮出水面。

规则和机制建设是谋求南海长治久安的必由之路

事实上,寻求短期内彻底解决纷繁复杂的南海海上有关争议并不现实。可以预见的是,在今后相当一段时期内,中国在南海方向的主要任务就是在坚定维护领土主权和海洋权益的前提下,维持南海形势总体向好发展、营造和谐稳定的周边环境。我们应当按照习近平总书记在十九大报告中提出的"推动构建人类命运共同体""以对话解决争端、以协商解决分歧",按照"亲诚惠容的理念和与邻为善、以邻为伴深化同周边国家关系"等重要方针政策,统筹中美、中国—东盟及中国与其他声索国"三大关系",处理好国际与国内、维权与维稳及大国与周边"三对矛盾",围绕岛礁后续建设、推动海上合作及"准则"案文磋商"三大任务",稳定南海形势、塑造南海秩序。

与此同时,我们还应当从构建基于规则和机制的地区秩序的长远考量着眼,有所作为。首先,通过积极考虑"准则"具有法律约束力、赋予"准则"调解除领土争议和海洋管辖权争议之外的一些具体海上纠纷的功能等,积极推动"准则"案文磋商;其次,随着我国的岛礁设施部署进一步推进,可加大民事设施建设力度,以向国际社会提供海上救援、助航设施、渔民渔船救助和补给等公共服务产品。最后,还可以"泛南海经济合作圈"构想为载体,以"21世纪海上丝绸之路"建设为总抓手,推动环南海海洋旅游、海上设施联通、海洋事务、人文社会等领域的交流与合作,增进互信,化解分歧,为南海问题的最终解决创造良好的外部环境,进而实现南海地区的长治久安。

是为序!

吴士存

中国南海研究院　院长

中国—东南亚南海研究中心理事会　主席

2018年8月

目 录

规则、制度与秩序：南海形势的新格局（代序）   吴士存 / 1

南海问题与国际法

南海仲裁，《联合国海洋法公约》第121条第3款之解释及
    国家实践：美国之例   宋燕辉 / 1
对南海地区法律秩序重构的几点思考   邹克渊　王 森 / 19
南极与南海法律治理机制的比较法研究   戴宗翰　张晏瑲 / 41
条约解释视阈下的《联合国海洋法公约》整体性问题探析
    ——兼评菲律宾南海仲裁案   丁 铎 / 64

南海历史及其他研究

"南海行为准则"历史回顾及案文磋商前景展望   闫 岩 / 85
合作管控南海争端　保护海底电缆通信
    ［印度尼西亚］哈约·布迪·努克洛赫（Haryo Budi Nugroho）/ 102

南|海|资|源|与|环|境

太平岛的争议与南海珊瑚礁保育策略　　　　　　　　　　　郑明修 / 121

会|议|综|述

2017年海峡两岸南海问题学术研讨会综述　　　　　　　　/ 135
2017年中韩海洋合作论坛综述　　　　　　　　　　　　　/ 150
2017年中日海洋对话会综述　　　　　　　　　　　　　　/ 160

南海问题与国际法

南海仲裁,《联合国海洋法公约》第121条第3款之解释及国家实践:美国之例

宋燕辉①

|摘 要| 2013年1月22日,菲律宾阿基诺三世政府依据《联合国海洋法公约》(以下简称《公约》)②第287条与此公约附件7规定向中国提出以仲裁方式解决双方于南海所存在海洋争端之"通知与主张声明"(Notification and Statement of Claim),③要求依据《公约》附件7设立一个仲裁庭审议"南海仲裁案",④并针对菲律宾所提出之仲裁要求做出裁决。

本文主要目的在探讨美国有关《联合国海洋法公约》第121条第3

---

① 宋燕辉,中国台湾"中央"研究院欧美研究所研究员。
② 此公约于1982年4月30日通过,同年12月10日开放签署,1994年11月16日生效。United Nations Convention on the Law of the Sea, Dec. 10, 1982, 1833 U.N.T.S. 3, reprinted in 21 I.L.M. 1262 (1982) and *The Law of the Sea: Official Texts of the United Nations Convention on the Law of the Sea and of the Agreements Relating to the Implementation of Part XI of the United Nations Convention on the Law of the Sea with Index and Excerpts from the Final Act of the Third United Nations Conference on the Law of the Sea*, U.N. Sales No. E.97.V.10 (2001), 公约的中英文全文, 参见联合国官方网址http://www.un.org/depts/los/convention_agreements/convention_overview_convention.htm (最后浏览日 6/20/2017)。
③ See Department of Foreign Affairs, the Republic of the Philippines, "SFA Statement on the UNCLOS Arbitral Proceeding against China", available at https://www.dfa.gov.ph/public-advisory/unclos/216-sfa-statement-on-the-unclos-arbitral-proceedings-against-china (最后浏览日 6/20/2017)。
④ PCA Case No. 2013-2019: *The Republic of Philippines v. The People's Republic of China*, available in the website of the Permanent Court of Arbitration at https://pcacases.com/web/view/7. 本文通称 "南海仲裁案"。有关本案详细行政、程序令、二次口头庭审、诉状、第一阶段与最终裁决、专家证人报告、新闻稿、相片等资料,参见常设仲裁法院官网,网址http://www.pcacases.com/web/view/7(最后浏览日, 6/20/2017)。

解释与适用之实践，并借此案例点出审议"南海仲裁案"之仲裁庭就《公约》第121条第3款解释所做结论出现之瑕疵。文章架构上，继前言之后，第二节简要说明美国与《公约》和"南海仲裁案"之关系；第三节批判仲裁庭在"南海仲裁案"当中有关《公约》第121条第3款解释与国家实践论述出现之瑕疵；第四节检视美国有关《公约》第121条第3款解释与适用之实践；第五节提出本文结论。

|关键词| 南海　仲裁案　太平岛

前　言

2016年7月12日，审议此案之仲裁庭发布最终裁决（Award），① 其中认定所有南沙岛礁无一可满足《公约》第121条第3款所称"维持人类居住"或"有自己经济生活"之要件，因此没有权利主张划设200海里专属经济区或大陆架，此包括南沙群岛自然形成之第一大岛——太平岛。②

针对《公约》第121条第3款之解释做出结论后，③ 仲裁庭才以短短两段之文字说明国家实践与此条款解释的关联性，并做出无证据显示国家就解释与适用《公约》第121条第3款之实践与仲裁庭对此条款所做出之解释有相违的认定。④ 仲裁庭并未就《公约》缔约国或其他主要海洋国家有关《公约》第121条第3款解释与适用之实践进行应有严谨之检视，导致论理出现瑕疵，结论也欠缺信服力。

---

① PCA Case No. 2013-2019, In the Matter of the South China Sea Arbitration before an Arbitral Tribunal Constituted under Annex VII to the 1982 United Nations Convention on the Law of the Sea between the Republic of the Philippines and the People's Republic of China, Award (以下通称 The July 2016 Award), July 12, 2016, available at http://www.pcacases.com/web/view/7 (最后浏览日，6/20/2017)。
② The July 2016 Award, 同上注，paragraphs 625-626, p. 254 与 paragraph 1203(B)(7)(a)&(b), p. 474。
③ The July 2016 Award, 同上注，paragraphs 539-551, pp. 227-231。
④ The July 2016 Award, 同上注，paragraphs 552-553, pp. 231-232。

尽管如此，自2016年7月12日南海仲裁裁决公布至今，仍非《公约》缔约国的美国却一再发表声明，认定此仲裁结果具约束力，呼吁"南海仲裁案"当事方应遵守此裁决。2017年6月初，美国国防部长马蒂斯（James Mattis）在出席于新加坡举行的第16届香格里拉安全峰会时表示，南海仲裁裁决是有约束力的，呼吁各方将此仲裁结果作为和平解决南海争端的起点。①

依法论法，鉴于美国还不是《公约》的缔约国，而《公约》第121条第3款也尚未发展成为习惯国际法，美国并无法律义务遵守此条款之规定。但是，美国政府所采取的政策立场与所呈现的国家实践，的确有可能被其他国家挑战，因为美国对其所属位于中西部太平洋之离岛，例如，豪兰岛（Howland Island）、贝克岛（Baker Island）以及金曼礁（Kingman Reef），主张有权划定200海里专属经济区或大陆架。但实际上，这些位居太平洋的洋中地物欠缺淡水，无法维持人类居住，也没有它们自己的经济生活，因此依据《公约》第121条第3款规定系属礁岩（rock），无权划定200海里专属经济区或大陆架。美国强要其他《公约》缔约国遵守此条款的规定，以及南海仲裁的有关裁决，至少在政治上衍生一个双重标准的问题。

一、美国、《联合国海洋法公约》以及"南海仲裁案"

《联合国海洋法公约》于1982年通过，1994年11月16日生效，至今有168个缔约方，② 但美国没有签署、也未加入此《公约》，因此不是这个

---

① Remarks by Secretary Mattis at Shangri-La Dialogue, Press Operations, Secretary of Defense Jim Mattis; John Chipman, IISS Director-General and Chief Executive, June 3, 2017, available at https://www.defense.gov/News/Transcripts/Transcript-View/Article/1201780/remarks-by-secretary-mattis-at-shangri-la-dialogue/ (最后浏览日6/21/2017)。

② 参见联合国海洋与海洋法办公室网址 http://www.un.org/depts/los/reference_files/chronological_lists_of ratifications.htm# (最后浏览日6/18/2017)。

规范全球海洋活动与事务之重要多边条约的缔约国。美国不签署、不加入此《公约》的主要理由是《公约》的一些规定与其国家利益相抵触，尤其《公约》第11部分有关深海海床之法律制度，以及第15部分有关争端之强制解决。此外，美国参院之条约批准程序、共和党意识形态、总统大选和国会改选等因素考虑也影响到美国加入此公约的可能性。①

尽管美国不是《公约》的缔约国，但早在1979年，也就是《公约》通过前三年，美国卡特政府就提出一个所谓"航行自由计划"（Freedom of Navigation Program），②并自1983年开始执行，挑战在全球各地被美国片面认定的"过度海洋主张"（excessive maritime claims）。③ 2017年3月，美国国防部公布了2016年会计年度"航行自由计划"执行报告，其中列出22个被挑战的声索方（clamant），④而被认定为"过度海洋主张"的原因包括"过度的直线基线""军舰通过领海事先取得许可""历史性海湾主张"等。⑤

---

① 参见宋燕辉："美国与联合国——深海床矿采制度修订之研究"，《联合国与欧美国家论文集》，台北：中研院欧美所，1997年，第253—299页；Yann-huei Song and Elias Blood-Patters, "Likelihood of U.S. Becoming A Party to the Law of the Sea Convention during the 112 Congress," *Journal of Maritime Law and Commerce*, Vol. 43, No. 4, October 2012, pp. 447-466。

② 参见 "Maritime Security and Navigation," U.S. Department of State, Diplomacy in Action, http://www.state.gov/e/oes/ocns/opa/maritimesecurity/（最后浏览日6/18/2017）。

③ J. Ashley Roach 与 Robert W. Smith 将"过度海洋主张"界定为"Claims by Coastal States to Sovereignty, Sovereign Rights or Jurisdiction Over Ocean Areas that are Inconsistent with the Terms of the LOS Convention"。虽然《联合国海洋法公约》是美国认定"过度海洋主张"的主要法律依据，但其他与海洋和空域相关的法律也包括在内。参见 J. Ashley Roach and Robert W. Smith, *United States Responses to Excessive Maritime Claims*, 2nd Edition (The Hague/Boston/London: Martinus Nijhoff Publishers, 1996), p. 15。

④ 执行报告所列的22个声索方是：Albania, Brazil, Cambodia, China, Croatia, India, Indonesia, Iran, Italy, Japan, Malaysia, Maldives, Malta, Oman, Pakistan, Philippines, South Korea, Taiwan, Thailand, Tunisia, Venezuela, Vietnam。参见 U.S. Department of Defense (DoD), Freedom of Navigation (FON) Report for Fiscal Year (FY) 2016, 参见美国国防部官网，http://policy.defense.gov/Portals/11/FY16%20DOD%20FON%20Report.pdf?ver=2017-03-03-141349-943（最后浏览日6/18/2017）。

⑤ U.S. Department of Defense, Freedom of Navigation (FON) Report for Fiscal Year (FY) 2016, 同上注。

美国认定"过度海洋主张"的国际法依据主要是《公约》。2017年5月25日清晨5时许（北京时间），美国海军"杜威"号（USS Dewey）导弹驱逐舰驶入南海中东部美济礁邻近海域。此乃特朗普上任后首次，国际媒体大肆报道。但究竟此事件代表特朗普政府执行"自由航行"行动（"Freedom of Navigation" operations，英文缩写为FONOPs），还是行使《公约》或习惯国际法之航行自由权？此有待查阅美国国防部未来公布之2017会计年度"航行自由计划"执行报告，才会比较明朗。目前，美国军方采取低调方式，仅表示将继续执行航行与飞越自由的计划。①

美国一再呼吁南海声索方依据《公约》第279条规定，以和平方法解决有关《公约》的解释或适用的任何争端。② 根据《公约》第279条与《联合国宪章》第33条第1款规定，此所指之"和平方法"包括"谈判、调查、调停、和解、仲裁、司法解决、区域机关或区域办法之利用，或各该国自行选择之其他和平方法"。③ 自菲律宾阿基诺三世政府于2013年1月提出"南海仲裁案"之后，美国就表示大力支持马尼拉采取法律途径解决南海争端的做法。尽管美国政府一再否认，有论者质疑华府要不是怂恿，就是在幕后下指导棋，影响仲裁案的进行。2016年上半年，随着仲裁裁决公布日

---

① 有关此议题之讨论，参阅 Peter A. Dutton, Isaac B. Kardon, "Forget the FONOPs — Just Fly, Sail and Operate Wherever International Law Allows," LAWFARE, June 10, 2017, https://www.lawfareblog.com/forget-fonops-%E2%80%94-just-fly-sail-and-operate-wherever-international-law-allows 与 Robert Farley, "Is the Focus on FONOPs Muddying Strategic Discourse on the South China Sea?" The Diplomat, June 17, 2017, http://thediplomat.com/2017/06/is-the-focus-on-fonops-muddying-strategic-discourse-on-the-south-china-sea/（最后浏览日6/22/2017）。

② 第279条全文："各缔约国应按照《联合国宪章》第2条第3项以和平方法解决它们之间有关本公约的解释或适用的任何争端，并应为此目的以《宪章》第33条第1项所指的方法求得解决。"

③ 《联合国宪章》(United Nations Charter)，1945年6月26日联合国国际组织会议结束时在旧金山签字，1945年10月24日生效。《宪章》英文全文参见联合国官网网址 http://www.un.org/en/charter-united-nations/；中文参见 http://www.un.org/zh/charter-united-nations/index.html（最后浏览日6/18/2017）。

期的接近，美国进一步表态，强调裁决具约束力，要求仲裁案各方遵守。

2016年7月12日，"南海仲裁案"裁决公布当天，美国国务院发言人约翰·柯比（John Kirby）发表声明，表示美国强力支持法治，支持和平解决南海领土和海洋争端的各项作为，其中包括透过仲裁的途径。美国认为根据《公约》的规定，仲裁庭对本案所做出的决定为最终裁决，对中国和菲律宾都具有法律约束力，美国希望并期待双方能遵守他们的法律义务。柯比也敦促各声索方避免任何挑衅的声明或行动。他建议这次的判决可以、也应该被中国与菲律宾当作一个新的机会，重新采取行动，以和平处理海洋争端。在声明最后，美国鼓励各声索方应该要根据国际法，如同《公约》所订出的准则，来厘清各自的海洋权利主张，并且要相互合作，处理并解决彼此的争端。①

"南海仲裁案"裁决公布同日，白宫国安会资深主任康达（Daniel J. Kritenbrink）在美国华府智库"战略暨国际研究中心"（CSIS）举行的第6届南海会议演说中陈述美方对南海仲裁与整体南海议题的立场。他表示，仲裁结果应被视为"最终裁定且具法律约束力"，并呼吁各方避免挑衅，而应依国际法，和平解决纷争。② 2016年9月，美国前总统奥巴马在出席于杭州举行的G20峰会前也呼吁中国遵守"南海仲裁案"的裁决。③

2017年6月前，美国新总统特朗普或其内阁重要成员并未就南海仲裁

---

① Decision in the Philippines-China Arbitration, Press Statement, John Kirby, Assistant Secretary and Department Spokesperson, Bureau of Public Affairs, Washington, DC, July 12, 2016, 参见美国国务院网址 https://2009-017.state.gov/r/pa/prs/ps/2016/07/259587.htm （最后浏览日6/19/2017）。

② 胡毓玲：《白宫：美对南海仲裁结果无偏好》，《世界日报》，2016年7月12日，http://www.worldjournal.com/4163785/article-%E7%99%BD%E5%AE%AE%EF%BC%9A%E7%BE%8E%E5%B0%8D%E5%8D%97%E6%B5%B7%E4%BB%B2%E8%A3%81%E7%B5%90%E6%9E%9C%E7%84%A1%E5%81%8F%E5%A5%BD/ （最后浏览日6/22/2017）。

③ "G20: Obama Warns Beijing Against South China Sea Aggression," *The Guardian*, September 3, 2016, available at https://www.theguardian.com/world/2016/sep/03/g20-obama-warns-beijing-against-south-china-sea-aggression （最后浏览日6/19/2017）。

有所表态，只是呼吁中国在处理南海与东海争端时要遵守国际法规范。但到了6月3日，国防部长马蒂斯在出席于新加坡举行之香格里拉对话，也就是第16届亚洲安全峰会时表示，南海仲裁裁决具约束力，呼吁所有声索方以此最终裁决作为起点，和平解决南海争端。① 同日，美国、日本、澳大利亚国防部长发表联合声明，其中再度提及"南海仲裁案"，并表示此案之裁决可作为未来努力和平解决南海争端之有用基础。② 两天后，美澳两国外长与国防部长在悉尼举行年度磋商会议，会后所公布之联合声明再度提及"南海仲裁案"裁决。③

基于以上说明，可以预测，即使美国还不是《公约》缔约国，也非"南海仲裁案"当事方，且存在可能抵触《公约》特定条款之解释与适用的实践问题，特朗普政府就南海仲裁的执行将会持续说三道四，尤其是呼吁中国尊重或遵守。

二、仲裁庭有关国家实践在解释《公约》第121条第3款关联性之论述

仲裁庭依据《维也纳条约法公约》第31条与第32条之规定，就用语、上下文连结关系、《公约》之目的与宗旨、条约之准备工作以及任何后续

---

① Remarks by Secretary Mattis at Shangri-La Dialogue, Press Operations, Secretary of Defense Jim Mattis; John Chipman, IISS Director-General and Chief Executive, June 3, 2017, available at https://www.defense.gov/News/Transcripts/Transcript-View/Article/1201780/remarks-by-secretary-mattis-at-shangri-la-dialogue/ (最后浏览日 6/19/2017)。

② Joint Statement Australia-US-Japan Defence Ministers' Meeting, available at https://www.defense.gov/Portals/1/Documents/pubs/Australia-US-Japan-Defense-Ministers-Meeting-June-2017.pdf (最后浏览日 6/22/2017)。

③ Joint Statement AUSMIN 2017, Media Note, Office of the Spokesperson, U.S. Department of State, Washington, DC, June 5, 2017, https://www.state.gov/r/pa/prs/ps/2017/06/271560.htm (最后浏览日 6/19/2017)。

条约之适用实践依序逐项进行检视，俾以做出《公约》第121条第3款之解释的结论。但仲裁庭并未同时检视国家实践与《公约》第121条第3款之解释的关联性，也没有就《公约》缔约国的国家实践进行充分讨论就做出结论。① 基此结论，仲裁庭认定黄岩岛、赤瓜礁、华阳礁、永暑礁、南熏礁（北）以及西门礁等高潮地物（high-tide features）都不是"全权岛屿"（fully entitled islands），而是《公约》第121条第3款所称之"礁岩"（rocks），因此，无权主张划定200海里专属经济区或大陆架。② 仲裁庭也认定所有南沙群岛之其他高潮地物，此包括自然形成之前六大岛——太平岛、中业岛、西月岛、南威岛、南子岛、北子岛都是"礁岩"，没有权利主张划定200海里专属经济区或大陆架。③

"南海仲裁案"之裁决有10部分、1203段文字，总共约500页。裁决第6部分主要审议菲律宾所提要求第3至第7项有关南海地物之法律地位。这部分的篇幅，就文字段落而言，占全裁决的31%；就页数而言，占28%。但仲裁庭只以两段简单文字的论述就做成"基于国家实践，没有证据证明当事方对《公约》第121条第3款之解释有协议之存在，而此解释与上述仲裁庭对第121条第3款之解释是有所不同的"。④

仲裁庭讨论《公约》第121条第3款与国家实践之关联性问题时先引《维也纳条约法公约》第31条第3款规定："在条约适用方面，确定各当事国对条约解释之协议的任何后续实践"应与上下文一并考虑。仲裁庭解释，此表示当事方对此实践应已默认，因此，才能说有关《公约》第121条第3款之解释已达成协议。仲裁庭引用国际法院在《以核武器进行威胁或使

---

① 参见 The July 2016 Award, paragraphs 539-553, pp. 227-232。
② 参见 The July 2016 Award, paragraphs 554-570, pp. 232-235。
③ 参见 The July 2016 Award, paragraphs 577-625, pp. 237-254。
④ 参见 The July 2016 Award, paragraph 553, p. 232。

用核武器的合法性的咨询意见》、在《卡西基利/塞杜杜岛案》（Kasikili/Sedudu Island）（博茨瓦纳和纳米比亚）之判决，以及世界贸易组织之法理指出："透过国家实践而接受条约条款解释之协议的门槛是相当高的。"①

仲裁庭的论述欠缺说服力，尤其是五位仲裁员未能详细检阅《公约》缔约国或其他主要海洋国家有关《公约》第121条第3款的实践，也没有搜集讨论与《公约》第121条第3款解释与适用之双边海域划界协议。

就国家实践而言，以下各国之海洋主张曾衍生或可能衍生《公约》第121条第3款之解释与适用问题：英国曾就其位于在大西洋之洋中地物洛克尔礁（Rockall）主张有权划定200海里专属经济区；法国对其位于东太平洋之海外领土克利珀顿岛（Clipperton Island）不但主张有权划定200海里专属经济区与大陆架，还曾经向联合国大陆架界限委员会（Commission on the Limits of the Continental Shelf, CLCS）提出延伸大陆架之初步讯息（preliminary information）；太平洋岛国斐济对其所属康威岛（Conway Island）之海域主张；委内瑞拉对其位于加勒比海之阿维斯岛（Aves Island）的海域主张；墨西哥对其位于东太平洋之圣罗莎岛（Santa Rosa Island）的海域主张；冰岛对于所属科耳扁索依岛（Kolbeinsoy Island）之海域主张；南非对其位于纳米比亚海岸之12个沿岸岛屿之海域主张；巴西对其位于南大西洋之圣彼得岛（Saint Peter Island）与圣保罗岛（Saint Paul Island）之海域主张；智利对其位于太平洋之萨拉戈麦斯岛（Isla Sala y Gómez）之海域主张；澳大利亚对其位于南冰洋之赫德岛（Heard Island）和麦克唐纳群岛（McDonald Island）之海域主张；新西兰对其位于南太平洋之克马得群岛（The Kermadec Islands Group）之海域主张；日本对其所属位于西太平洋，面积只有特大号床大小之领土——冲之鸟礁（Oki-no-Tori-shima）的海

---

① 参见 The July 2016 Award, paragraph 552, pp. 231-232。

域主张；美国对其所属位于中西部太平洋之遥远洋中地物豪兰岛（Howland Island）、贝克岛（Baker Island）、金曼礁（Kingman Reef）之海域主张。① 这些国家实践与仲裁庭就《公约》第121条第3款所做的解释不一致，但仲裁庭却避开检视全球各地存在的国家实践。

就与《公约》第121条第3款解释相关之双边海域划界协议而言，仲裁庭也没有援引实例进行讨论。例如，1982年1月，澳洲与法国签署海域划界协议。2003年两国又签订划界条约。此协议与条约涉及澳大利亚针对其位于南冰洋之赫德岛（Heard Island）和麦克唐纳群岛（McDonald Island）主张200海里专属经济区与大陆架主张。② 2013年9月，美国与基里巴斯签署划界协议，其中默认美国就其位于中西部太平洋离岛——豪兰岛（Howland Island）、贝克岛（Baker Island）、金曼礁（Kingman Reef）之200海里专属经济区与大陆架主张。③ 就国家实践而言，的确可能存在更多的双边海域划界协议之存在，而这些协议涉及《公约》第121条第3

---

① 参见 Robin R. Churchill and A.V. Lowe, The Law of the Sea, 3rd edition (Manchester, 1999), p. 50 and p. 164; Marius Gjetnes, *The Legal Regime of Islands in the South China Sea,* Master Thesis of Law, Fall 2000, submitted to Department of Public and International Law, University of Oslo; Yann-huei Song, "Okinotorishima: A 'Rock' or an 'Island'? Recent Maritime Boundary Controversy between Japan and Taiwan/China," in Seoung-Yong Hong and Jon M. Van Dyke, eds. *Maritime Boundary Disputes, Settlement Processes, and the Law of the Sea* (Martinus Nijhoff Publishers, 2009), pp. 170-172。

② *Agreement on Marine Delimitation between the Government of Australia and the Government of the French Republic*, 4 January 1982 and *Treaty between the Government of Australia and the Government of the French Republic on Cooperation in the Maritime Areas Adjacent to the French Southern and Antarctic Territories (TAAF), Heard Island and the McDonald Islands* (Canberra, 24 November 2003)，协定全文，参见 http://www.un.org/Depts/los/LEGISLATIONANDTREATIES/PDFFILES/TREATIES/AUS-FRA1982MD.pdf；条约全文，参见 file:///C:/Users/yhsong.NB72-HP/Downloads/http://www.aphref.aph.gov.au-house-committee-jsct-12may2004-treaties-frnia%20(2).pdf（最后浏览日 6/22/2017）。

③ *The Treaty between the Government of the United States of America and the Government of the Republic of Kiribati on the Delimitation of Maritime Boundaries*, signed at Majuro on September 6, 2013。条约全文，参见 https://www.congress.gov/treaty-document/114th-congress/13/document-text（最后浏览日 6/22/2017）。

款解释与适用问题，但仲裁庭并未检视此实践在本案对《公约》第121条第3款之解释的影响。就此而言，仲裁庭之审议的确出现瑕疵，进而影响本案有关南海地物法律地位之裁决。

三、美国就《公约》第121条之解释与适用所持立场与国家实践

美国就《公约》第121条第3款之解释与适用并未做出明确的官方立场声明或宣示。但在实践上，美国的确采取比较自由、宽松、扩张的解释，主张无人居住、孤立遥远离岛或礁岩是有权主张专属经济区或大陆架的。倘若审议"南海仲裁案"之仲裁庭采取一个更广泛、更完整的法学论述途径，深入检视美国与其他《公约》缔约国，例如，澳大利亚、巴西、法国、斐济、日本、新西兰、委内瑞拉等有关第121条第3款之解释与实践以及《公约》缔约国所签署之双边海域划界协定的话，仲裁庭可能做出不同的最后裁决。

1983年8月，美国总统里根宣布美国在专属经济区内享有主权权利与管辖权，其范围系由美国本土、领地与海外属地之领海基线向海量起200海里之海域，此包括岛屿。[①] 1988年12月，美国宣布领海宽度由领海基线量起3海里扩张到12海里。[②] 虽然美国有此海域主张声明，但就《公约》第121条第3款之适用与解释并未做出立场声明。

---

① 此包括"a zone contiguous to the territorial sea, including zones contiguous to the territorial sea of the United States, in the Commonwealth of Puerto Rico, the Commonwealth of the Northern Mariana Islands (to the extent consistent with the Covenant and the United Nations Trusteeship Agreement), and United States Oversea Territories and Possessions，参见 Proclamation 5030 – Exclusive Economic Zone of the United States of America, March 10, 1983, 48 FR 10605, 3 CFR, 1983 Comp., p. 22, available at http://www.archives.gov/federal-register/codification/proclamations/05030.html（最后浏览日11/19/2016）。

② Proclamation 5928 of December 27, 1988, in *Federal Register*, Vol. 54, No. 5, p. 777, January 9, 1989.

1986年，当时担任国务院负责海洋、国际环境、科学事务之助理法律顾问柯尔森（David Colson）在出席一场海洋法研究年会（the Annual Meeting of the Law of the Sea Institute）时表示："美国的结论认为，所有岛屿，不论有无人居住，应有同样的能力主张划设专属经济区；孤立或位于不便位置之岛屿，在决定延伸海洋疆界时不应被视为'特别情况'或地理的异常"。① 美国采取此一立场主要与美国整体海洋利益之政策考虑有关，因美国在太平洋拥有不少无人居住、孤立、偏远之离岛。

在上述海洋法研究年会当中，柯尔森回答有关岛屿和礁岩区别的提问时表示："我们认定任何一块所有地（real estate）可符合一个岛屿的定义；我们是依据美国就此所有地划设之领海基线做出可主张海域的认定……如果此所有地有领海，我们就认定此所有地可被用来作为划定等距离疆界线的基点。"② 就此答复，已过世之美国知名海洋法教授范戴克（Jon Van Dyke）与另两位学者的解读是："任何一个孤立地物，如果能主张划设领海的话，就可以划设专属经济区。依此观点，没有任何公约第121条第3款所指之礁岩是不可'维持人类居住或他们自己的经济生活'"。③ 换言之，只要是被视为"高潮地物"的礁岩都可主张专属经济区或大陆架。范戴克教授认为美国此一主张将影响到其他国家所可主张之海域与海域内之有生与无生资源之主权权利，也减少应被视为"人类共同遗产"之资源的共享。④

2014年12月，美国国务院海洋、国际环境、科学事务局发布"海的

---

① 参见 Jon M. Van Dyke, Joseph Morgan and Jonathan Gurish, "The Exclusive Economic Zone of the Northwestern Hawaiian Islands: When Do Uninhabited Islands Generate An EEZ?" *San Diego Law Review*, Vol. 25, 1988, p. 425, and pp. 427-430。

② 同上注，p. 432。

③ 同上注。

④ 同上注。

界限"（Limits in the Seas）第143号报告，其中强调美国不对南海地物是依据《公约》第121条规定被视为岛屿，或依据第121条第3款认为此岛屿是礁岩采取决定性立场。① 但报告中指出，如果中国所主张之"九段线"是岛屿归属线的话，中国国内法所指之海洋主张与国际海洋法之规定就相一致，其中包括中国在南海所拥有之其他岛屿，依据《公约》第121条第1款之规定，将可以主张领海、毗连区、专属经济区以及大陆架。但依据第121条第3款之规定，无法维持人类居住或他们经济生活的礁岩将无权主张专属经济区和大陆架。② 观察此报告有关《公约》第121条之叙述，还是看不到美国就第121条第3款之解释与适用的官方立场。尽管如此，依据美国的海洋政策声明、国家实践以及司法判例，我们还是可以厘清美国的立场。

1995年8月，美国国务院发布一份题为"专属经济区与海洋疆界：界限通知"的公告，其中主张美国位于中、西部太平洋的离岛有权划设200海里专属经济区。美国采用直线基线方法划定包括贝克岛（Baker Island）、豪兰岛（Howland Island）、贾维斯岛（Jarvis Island）、约翰斯顿环礁（Johnston Atoll）、金曼礁（Kingman Reef）、帕尔米拉环礁（Palmyra Atoll）、威克岛（Wake Island）等洋中高潮地物之领海基线，并由基线向海量起主张200海里专属经济区。③ 以上洋中高潮地物的面积分别是贝克岛（1.18平方公里）、豪兰岛（1.8平方公里）、贾维斯岛（4.5平方公里）、约翰斯顿环礁（2.67平方公里）、金曼礁（0.012平方公里）、帕尔米拉环

---

① Limits in the Seas, No. 143, China: Maritime Claims in the South China Sea, the Bureau of Oceans and International Environmental and Scientific Affairs, U.S. Department of State, for the report, visit https://www.state.gov/documents/organization/234936.pdf（最后浏览日11/19/2016）。

② 同上注，pp. 12-13。

③ See Exclusive Economic Zone and Maritime Boundaries; Notice of Limits, Department of State, Public Notice 2237, dated August 10, David A. Colson, Deputy Assistant Secretary for Oceans, in *Federal Register*, Vol. 60, No. 163, August 23, 1995, p. 43829.

礁（3.9平方公里）、威克岛（7.1平方公里），但都缺乏淡水，多数无人居住，也无经济生活。①

2009年1月6日，约在小布什（George W. Bush）卸任美国总统职位两周前，美国宣布在太平洋设置三个国家海洋保护区（national monuments）②：马里亚纳海沟海洋保护区（The Marianas Trench Marine National Monument）、太平洋离岛海洋保护区（The Pacific Remote Islands Marine National Monument）、蔷薇环礁海洋保护区（The Rose Atoll Marine National Monument）。③ 太平洋离岛海洋保护区包括前述贝克岛、豪兰岛、贾维斯岛、约翰斯顿环礁、金曼礁、帕尔米拉环礁、威克岛七个离岛。④ 太平洋离岛海洋保护区包括七个离岛基线量起50海里范围内之水域、水下与突出水面陆地，总面积约86888平方公里。此区之行政管理权责主要由内政部与商业部磋商后，由内政部负责。⑤

2014年9月25日，奥巴马总统进一步宣布扩大太平洋离岛海洋保护区（The Pacific Remote Islands Marine National Monument Expansion），将贾维

---

① 这些洋中高潮地物的信息，参见 Wikipedia, the free encyclopedia at https://en.wiki2.org/wiki/Baker_Island, https://en.wiki2.org/wiki/Howland_Island, https://en.wiki2.org/wiki/Jarvis_Island, https://en.wiki2.org/wiki/Johnston_Island, https://en.wikipedia.org/wiki/Jarvis_Island, https://en.wiki2.org/wiki/Kingman_Reef, https://en.wiki2.org/wiki/Palmyra, Atoll; https://en.wiki2.org/wiki/Wake_Island（最后浏览日11/19/2016）。

② 亦有翻译称"国家海洋境界标志区"或"国家海洋纪念地"。

③ 参见 Statement by the President on the Occasion of the Designation of the Marianas Trench Marine National Monument, Pacific Remote Islands Marine National Monument, and the Rose Atoll Marine National Monument, Office of the Press Secretary, the White House, January 6, 2009, available at https://georgewbush-whitehouse.archives.gov/news/releases/2009/01/20090106-9.html（最后浏览日11/19/2016）。

④ 参见 Establishment of the Pacific Remote Islands Marine National Monument, Office of the Press Secretary, the White House, January 6, 2009, available at https://georgewbush-whitehouse.archives.gov/news/releases/2009/01/20090106-6.html（最后浏览日11/19/2016）。

⑤ Proclamation 8336 of January 6, 2009 Establishment of the Pacific Remote Islands Marine National Monument, *Federal Register*, Vol. 74, No. 7, January 12, 2009, pp. 1567-1568.

斯岛、约翰斯顿环礁、威克岛三个离岛的50海里保护区扩大到200海里专属经济区外界范围。① 2016年8月，奥巴马总统造访中途环礁（Midway Atoll），宣布扩大小布什总统于2006年所宣布设立之葩巴哈瑙乌摩库阿基阿海洋国家保护区（The Papahanaumokuakea Marine National Monument），其中涵盖夏威夷西北边的十个岛屿和环礁，面积由442781平方公里扩大到582578平方公里，成为世界上最大的海洋保护区。② 此保护区之扩大衍生是否美国的做法与《公约》第121条第3款相抵触的疑义。③

由以上有关美国太平洋离岛50海里与部分扩大到200海里海洋保护区之国家实践可以得知美国对《公约》第121条第3款所采取之立场。换言之，第3款所指之礁岩不适用至美国太平洋离岛。美国认定太平洋离岛是"全权岛屿"，因此，有权主张划设200海里专属经济区或大陆架。此国家实践还可自美国地方法院之判例得到证明。

美国就贝克岛、贾维斯岛、金曼礁、帕尔米拉环礁、威克岛五个离岛所主张之200海里专属经济区与基里巴斯和马歇尔群岛所主张之专属经济区有重叠情形。美国采用等距离原则与此二太平洋岛国进行海域划界。但美国与马歇尔群岛因《公约》第121条第3款不同之解释曾引发争议。

---

① Proclamation 9173—Pacific Remote Islands Marine National Monument Expansion, *Federal Register*, Vol. 79, No. 188, September 29, 2014, available at http://www.fpir.noaa.gov/Library/MNM/2014-23319.pdf（最后浏览日11/19/2016）。

② Fact Sheet: President Obama to Create the World's Largest Marine Protected Area, The White House, Office of the Press Secretary, August 26, 2016, https://www.whitehouse.gov/the-press-office/2016/08/26/fact-sheet-president-obama-create-worlds-largest-marine-protected-area（最后浏览日11/22/2016）; Julie Hirschfeld David, "Obama Visits Midway, Highlighting Monument and Commitment to Environment, *The New York Times*, September 1, 2016, http://www.nytimes.com/2016/09/02/us/politics/obama-climate-change-midway-marine- monument.html?_r=0（最后浏览日11/22/2016）。

③ 参见 Sam Bateman, "Obama at Midway: Picking and Choosing the Law of the Sea," *Asia Maritime Review*, September 2, 2016, http://asiamaritime.net/obama-at-midway-picking-and-choosing-the-law-of-the-sea/（最后浏览日11/22/2016）。

2008年5月，关岛地区法院（District Court of Guam）审理《美国告马歇尔201号案》（*United States of America vs. Marshalls 201*），① 其中的被告马歇尔201号渔船（Marshalls 201）提出驳回（原告）起诉的申请。此案涉及马歇尔201号渔船被控告于2006年9月非法进入美国所主张贝克岛与豪兰岛的专属经济区捕鱼，因此，被美国海上防卫队扣押，经交保证金后释放。被告认为贝克岛与豪兰岛系属《公约》第121条第3款所指之礁岩而非岛屿，美国无权主张贝克岛与豪兰岛的专属经济区，因此提出不起诉的请求。但美国提出证据证明此二岛屿可以维持人类居住，且在不久之前的一段时间有人类居住，也在不同的经济投注活动上扮演角色。② 被告引用范戴克教授的见解进一步表示，"居住"（habitation）必须是为其自目的而存在，是现存社群的一部分，可自我维持，且经世代持续为之。③ 被告认为贝克岛与豪兰岛并无他们自己的经济生活，因此是礁岩，不是岛屿。④

审理此案之关岛地区法院认定被告的论述是错误解读《公约》第121条原意。此条第3款文字是"不可维持人类居住或经济生活之礁岩应无专属经济区或大陆架"。法院指出美国政府在诉状提出足够的证据证明贝克岛与豪兰岛事实上是《公约》所界定的岛屿。虽然岛屿定义之论述是依据《公约》的规定，但法院说："联邦法律清楚规定美国可对其领土宣布专属经济区……而贝克岛与豪兰岛的确是此种被指定之两个领土。"法院因此判决："由于美国在贝克岛与豪兰岛专属经济区所采取行动之管辖权清楚

---

① *United States of America vs. Marshalls 201*, a case before District Court of Guam for a hearing on the Defendant's Motion to Dismiss, April 3, 2008, available at http://www.state.gov/documents/organization/138830.pdf (最后浏览日 11/22/2016)。

② 同上注，p. 6。

③ 英文原文是 the habitation must "exist for its own sake, as part of an ongoing community that sustain itself and continues through generations", 同上注。

④ 同上注。

地在《麦格纳森与史蒂文森渔业保育和管理法》(The Magnuson-Stevens Fishery Conservation and Management Act)说明,因此拒绝被告所提不起诉之请求"。①

此外,如前所引,美国与基里巴斯曾在2013年9月签署一个海域划界协议,其中美国主张其位于中西部太平洋离岛——豪兰岛、贝克岛以及金曼礁之200海里专属经济区与大陆架主张,基里巴斯默认接受美国的主张。仅管此条约仍未经美国参院行使批准之同意,但此经签署之条约自有其法律意涵。②

以上美国就《公约》第121条3款之解释与适用的政策立场、国家实践、地区法院之判例、以及所签署之双边海域划界条约清楚说明美国的确主张属其领地、位于中西部太平洋之偏远、孤立、无人居住、无法维持它们自己经济生活的洋中高潮地物是岛屿而非礁岩,因此,有权主张200海里专属经济区或大陆架。

四、结论

审议"南海仲裁案"的仲裁庭就《公约》第121条第3款解释所做成之结论,进而将此结论适用到南海地物法律地位之论述与决定存在瑕疵。仲裁庭未能依据《维也纳条约法公约》相关规定,采取一个更为严谨的法律途径去检视《公约》缔约国或其他重要海洋国家有关《公约》第121条第3款之解释与适用的不一的国家实践,此导致其所公布裁决之公正性与可说服力的确可被质疑。

---

① 同上注,p. 7

② Proclamation 5928 of December 27, 1988, in *Federal Register*, Vol. 54, No. 5, p. 777, January 9, 1989.

倘若仲裁庭全面完整检视全球各地、各沿海国有关《公约》第121条第3款之解释与适用的不同国家实践，以及《公约》缔约国所签订与此条款解释和适用相关之双边海域划界协议的话，南海仲裁的结果——尤其有关南海地物之法律地位，与其所拥有主张划设200海里专属经济区或大陆架之权利——可能会不同于仲裁庭于2016年7月所公布之裁决内容。

检视美国的国家实践，清楚说明仲裁庭在审议"南海仲裁案"所出现论述不足的瑕疵。虽然美国不是《公约》的缔约国，不是南海仲裁的当事方，但自菲律宾于2013年1月提出"南海仲裁案"开始，到仲裁庭于2017年7月公布裁决，再到"南海仲裁案"裁决公布即将届满一周年的这段时间内，美国持续表态支持菲律宾片面对中国提出的仲裁案，且认定此仲裁结果具约束力，要求中国尊重或遵守，更呼吁南海声索各方以此仲裁结果为基础，和平解决南海争端。如果美国不加入《公约》，不检讨、修正或放弃自己与《公约》规定相抵触的主张，却强要其他国家遵守《公约》、遵守南海仲裁结果，此显然衍生外交上的双重标准与可信度问题。

对南海地区法律秩序重构的几点思考

邹克渊　王　森[①]

| 摘　要 | 南海仲裁案以国际法为伪装对南海地区的和平与稳定造成了极大的破坏。这种破坏是长期的、深远的，值得我们持续关注并提出应对措施。少数西方国家将"rule-based"常常挂在嘴上，并借此指责中国不遵守国际法。本文将探讨什么是适用于南海地区的国际法规则，包括成文法和习惯法的有关部分，国际争端解决机制如何在有关的南海争端中产生真正的和有效的作用，我国在发展和完善有关国际法规则方面如何做出重要的、甚至主导性的贡献。

| 关键词 | 南海　国际法　规则　国际争端解决　法律秩序

引　言

南海仲裁案以国际法为伪装对南海地区的和平与稳定造成了极大的破坏。这种破坏是长期的、深远的，值得我们持续关注并提出相应的应对措施。少数西方国家将"rule-based"常常挂在嘴上，并借此指责中国不遵守

[①] 邹克渊，英国中央兰开夏大学哈里斯国际法终身讲席教授，浙江大学光华法学院国家千人教授，博士生导师。

王森，浙江大学光华法学院博士生。该文为国家社科基金重大项"人类命运共同体理念融入国际海洋法体系研究"（18VHQ002）阶段性成果的一部分。

国际法。① 所谓规则导向，其重心自然在"规则"一词；而在国际法语境下，"规则"就是指国际法规则。② 那么，什么是真正适用于南海地区的国际法规则？在南海地区如何适用这些国际法规则？如何正确运用基于国际法规则的国际争端解决机制，从而有助于南海有关争议的解决？中国在推动南海地区国际法的发展和完善上应当扮演什么样的角色、起到什么样的作用？本文将探讨这些问题，希望能起到抛砖引玉的效果。

一、适用于南海地区的国际法规则

简言之，国际法规则包括成文法与习惯法两大部分。在著名的"荷花号"案中，国际常设法院对国际法的定义为：国际法规范独立国家之间的关系。为此，对其有拘束力的法律规则源于其意志并以条约形式或者由确立为法律原则的普遍接受的惯例表达出来。③ 除此之外，世界主要法系所共有的一般法律原则也是国际法规则的一部分。

（一）成文法规则

在南海地区适用的成文法规则很多，包括全球性的，如《联合国宪

---

① 在2016年7月12日南海仲裁案作出裁决后，美国、日本、澳大利亚等国就无端指责中国在南海地区不遵守国际法、破坏地区和平稳定，并且开展了一系列的政治、外交对抗行为；实际上，南海仲裁案的闹剧才真正破坏了南海地区的和平与稳定。参见王欢："日本拟联手美国继续要求中国在南海遵守'国际法'"，环球网，2016年6月8日，http://world.huanqiu.com/exclusive/2016-06/9018829.html; Bill Gertz, US military chief Dunford: China is main threat to security, September 28 2017, Asia Times, http://www.atimes.com/article/us-military-chief-dunford-china-main-threat-security/.

② See James Crawford, International Law as Discipline and Profession, in *Proceedings of the Annual Meeting (American Society of International Law)*, Vol. 106, Confronting Complexity, 2012, pp. 478-479; See Simon Chesterman, An International Rule of Law?, *The American Journal of Comparative Law*, Vol. 56, No. 2, 2008, pp. 333-334.

③ PCIJ Report Series A No.10, 1927, at 1.

章》《维也纳条约法公约》等,也包括双边条约,如《中越北部湾划界协定》等。但就南海海域而言,最为重要的全球性法律文件是1982年《联合国海洋法公约》(以下简称《海洋法公约》)。1982年,155个国家和国际实体经过多年谈判通过了《海洋法公约》,建立了现代海洋的新秩序,为海洋划界、海洋资源的分配、沿海国海洋争端的解决提供了新框架,被誉为"海洋宪章"。①《海洋法公约》整合并确立了领海、毗连区、专属经济区、大陆架、公海和国际海底等海洋区域的法律地位及对应的海洋权利。另外,1988年的《制止危及海上航行安全非法行为公约》也是一个适用于南海地区的重要国际条约。

(二)习惯法规则

习惯法,又称习惯国际法,是指形成中的特定国际法规则。②尽管这些国际法规则不一定普遍适用,但是所有现存的一般国际法规则都是习惯法。③习惯国际法是国家自发地遵守某些特定的国际规则的产物,且必须在相对较长的时间内存在。通说认为,习惯国际法包含两个要素,分别是重复的国家实践(*diuturnitas*)和国家依据法律义务作出行为的信念(即

---

① 邹克渊、刘昕畅:《南海仲裁案与中国在南海的历史性权利》,载《东南亚研究》,2017年第4期,第93—94页。

② See Malcolm N. Shaw, *International Law, 7th Edition*, Cambridge University Press, 2014, p. 219; See Vaughan Lowe, *International Law*, Oxford University Press, 2007, pp. 36-40; See John O'Brien, *International Law*, Cavendish Publishing Limited, 2001, pp. 68-78; See Rebecca M. M. Wallace, *International Law, 4th Edition*, Sweet &Maxwell, 2002, pp. 9-18.

③ See Anthony A. D'Amato, The Concept of Special Custom in International Law, *The American Journal of International Law*, Vol. 63, No. 2 (Apr., 1969), pp. 211-223.

法律确信,①opinio juris sive necessitatis)。②从国家实践与法律确信两个构成要素来看,习惯国际法更多体现的是国家实践的内容。③法律确信也是国家实践的外观表达（或者说是证据）,这种表达可以是自愿的,也可以是非自愿的。④对于惯例的相应声明、主张"法律确信"甚至不需要一致、长期的国家明示声明进行佐证,或者说通过检查国家的若干外观表达就可以确认"法律确信"的存在。⑤愈来愈多的国际多边场合为国家将意愿作

---

① Tullio Treves 主张从"约定必须遵守"（pacta sunt servanda）考量习惯国际法,国家意愿或者自愿行为产生的习惯国际法的内容更为容易确定；法律确信也可以根据国家的意愿进行调整,故不得认为是客观条件。不过,这一观点混淆了习惯法与成文法的概念,并且将主客观因素进行了混同。See Tullio Treves, "Customary International Law", in Rüdiger Wolfrum, ed., The Max Planck Encyclopedia of Public International Law, November 2006, http://opil.ouplaw.com/view/10.1093/law:epil/9780199231690/law-9780199231690-e1393?rskey=wkBCrF&result=1&prd=EPIL, latest access time: 2018/2/27.

② See Michael Akehurst, Custom as a Source of International Law, *British Yearbook of International Law*, Vol. 47, Issue 1, 1976, pp. 5-35; Anthea Elizabeth Roberts, Traditional and Modern Approaches to Customary International Law: A Reconciliation, *The American Journal of International Law*, Vol. 95, No. 4, 2001, pp. 757-760; Maurice Mendelson, The Subjective Element in Customary International Law, *British Yearbook of International Law*, Vol. 66, Issue 1, pp. 207-208.

③ See Case of the S. S. Lotus (France v Turkey), Judgement, *P.C.I.J. Report*, Series A, No. 10, 1927, p. 18; North Sea Continental Shelf (Federal Republic of Germany/Denmark; Federal Republic of Germany/Netherlands), Judgement, *I.C.J. Report*, 1969, p. 44, para. 77; Military and Paramilitary Activities in and against Nicaragua (Nicaragua v United States of America), Judgement, *I.C.J. Report*, 1986, p. 108, para. 207; Delimitation of the Maritime Boundary in the Gulf of Maine Area (Canada/United States of America), Judgement, *I.C.J. Report*, 1984, p. 299, para. 111.

④ See Case of the S. S. Lotus (France v Turkey), Judgement, *P.C.I.J. Report*, Series A, No. 10, 1927, p. 18; North Sea Continental Shelf (Federal Republic of Germany/Denmark; Federal Republic of Germany/Netherlands), Judgement, *I.C.J. Report*, 1969, p. 44, para. 77; Military and Paramilitary Activities in and against Nicaragua (Nicaragua v United States of America), Judgement, *I.C.J. Report*, 1986, p. 108, para. 207; Delimitation of the Maritime Boundary in the Gulf of Maine Area (Canada/United States of America), Judgement, *I.C.J. Report*, 1984, p. 299, para. 111.

⑤ See Frontier Dispute (Burkina Faso/Republic of Mali), Judgement, *I.C.J. Report*, 1986, p. 565, para. 20; Armed Activities on the Territory of the Congo (Democratic Republic of the Congo v Uganda), Judgement, *I.C.J. Report*, 2005, paras. 161, 162, 213 and 214; Arrest Warrant Case (Democratic Republic of the Congo v Belgium), Judgement, *I.C.J. Report*, 2005, paras. 172, 213, 219 and 300.

为习惯国际法表达提供了便利，这种便利消弭了"国家相信其为习惯国际法"和"国家意图使其成为习惯国际法"的界限。[1] 实际上，一国的实践与承诺对于习惯国际法的发展至关重要，尤其是针对日益增加的国际争端而言。

习惯法与成文国际法是两个平行不悖、互存互补的国际法渊源体系，习惯国际法在解释成文法具体规定时发挥了重要的作用。[2] 在国际司法机构处理案件时，习惯国际法较之于成文国际法在顺位上是优先适用的。国际法院在审理具体案件时，习惯国际法在适用上是优先于成文国际法的，毕竟国际习惯是各国实践确认且被各国确认拥有拘束力的规则。[3]

在国际海洋法项下，对应《海洋法公约》的是海洋法上的习惯国际法，而海洋法上的习惯国际法范围广大、含义也十分广泛。《海洋法公约》的许多规定本身就是习惯国际法在海洋法上的成文表现，包括领海、毗连区、公海中的众多具体制度。[4] 海洋法项下的习惯国际法是由国际司法机构对包括1958年日内瓦四公约、《海洋法公约》等国际公约进行解释后确立下来的，[5] 其将习惯国际法适用于海洋法有扩大化趋势。[6]

---

[1] See Jonathan I. Charney, Universal International Law, *The American Journal of International Law*, Vol. 87, No. 4, 1993, pp. 529-551; See Brian McGarry, The Development of Custom in Territorial Dispute Settlement, *Journal of International Dispute Settlement*, Vol. 8, 2007, p. 365.

[2] Amoco v Islamic Republic of Iran, *International Law Material*, Vol. 27, 1988, p. 1316 para. 112.

[3] 《国际法院规约》第38（1）（b）条规定，所谓国际习惯，是指所谓通例之证明而经接受为法律。

[4] See Zou Keyuan, Law of the Sea Issues Between the United States and East Asian States, *Ocean Development and International Law*, Vol. 39, 2008, pp. 85-86; David L. Larson, Conventional, Customary, and Consensual Law in the United Nations Convention on the Law of the Sea, *Ocean Development and International Law*, Vol. 25, 2009, p. 83.

[5] See Niels Peterson, The International Court of Justice and the Judicial Politics of Identifying Customary International Law, *The European Journal of International Law*, Vol. 28, No. 2, 2017, pp. 357-385.

[6] See J. Ashley Roach, Today's Customary International Law of the Sea, *Ocean Development and International Law*, Vol. 45, 2014, pp. 239-259.

（三）区域国际法

区域国际法是指经由某一特定地区国家赋予、反映本地区国家利益且在该地区内适用的国际法规则。① 区域国际法这个概念在其诞生之初，主要指代"欧洲的法"；十九世纪之后，"欧洲的法"裹挟"普遍化"之势与"普遍的"国际法产生了深刻的联系。目前来说，区域国际法的理论依然有效，毕竟最先制定国际法的欧洲立法者并不熟悉世界上所有大洲的具体的政治、社会、经济和文化等情况。当然，这一看法并不认为在欧洲人踏上各大洲土地前，这些土地上不存在其他形式的国际法，例如中国、印度、伊斯兰或者非洲。在欧洲人将"欧洲的法"这一区域国际法引入各洲之前，各洲也存在着国际法意义上的对外法律关系。国际法院在1975年"西撒哈拉"咨询意见中认为，居住在西撒哈拉地区的部落信仰伊斯兰教，拥有特殊的风俗习惯及其对外关系、联络等法律制度，该部落拥有自己的习惯法，该地区适用的法律与伊斯兰法一致。②

区域国际法与"普遍"国际法并不冲突，两者都是国际法的一部分。区域国际法体现的法律价值、利益取向与法理基础，在很大程度上与"普遍"国际法是统一、和谐的。有学者指出，适用于美洲地区的"美洲国际法"同样符合"普遍"国际法，虽然两者在术语上有所偏差，但是两者反映了同样的规则价值；美洲国际法包含的原则、惯例、学说等等涉及所有美洲国家，同样也涉及其他地区发生的、会影响美洲国家的事项。③

客观上来说，国际法在某一特定地区的有效适用与贯彻基于该地区的

---

① Mathias Forteau, "Regional International Law", in RüdigerWolfrum, ed., *The Max Planck Encyclopedia of Public International Law*, http://opil.ouplaw.com/view/10.1093/law:epil/9780199231690/law-9780199231690-e1463?rskey=TS544Y&result=1&prd=EPIL, latest access time: 2018/2/27.
② Western Sahara, Advisory Opinion of 16 October 1975, *I.C.J. Report*, 1975, pp. 41-42, para. 88.
③ See Asylum (Colombia v. Peru), Dissenting Opinion by Judge Alvarez, *I.C.J. Report*, 1950, pp. 293-294.

特殊情况。"普遍"国际法规则必须与地区性要素协调，才能避免过度的"统一性"可能会带来的僵化。① 在此区域国际法与"普遍"国际法在适用上存在两种细微的差别：其一，"普遍"国际法结合特殊地区的实际情况发展成为该地区的区域国际法；其二，该地区本就有自身的区域国际法，并优先于"普遍"国际法的适用。过多的区域国际法不利于国际法的整体发展，国际法的统一化进程要求借助各种国际组织，例如联合国、国际法院，甚至是国际法委员会。② 通过国际法的编纂、国际公约的缔结等形式，对有关区域国际法规则上升为普遍国际法规则。③ 然而，这一进程并没有完全结束，区域国际法仍然发挥着重要的作用。不仅仅是地理上的特殊情况可以触发区域国际法，政治性条约和联盟也可以形成区域国际法，例如北约和欧盟。国际法的发展离不开区域国际法的普遍化、统一化，区域国际法丰富和扩展了国际法整体的内涵与范围，区域国际法的许多内容都反映在当代国际法之中。

就南海地区而言，在成文法方面，《东南亚友好合作条约》和《东南亚国家联盟宪章》（以下简称《东盟宪章》）是典型的本地区的区域性国际法。《东南亚友好合作条约》由东南亚国家联盟发起国于1976年2月24日在印尼巴厘岛举行的东盟第一次首脑会议上签署。1987年，该条约对东盟外国家开放，中国于2003年10月加入该条约。《东盟宪章》由东盟十国领

---

① See Christopher Schreuer, Regionalism v. Universalism, *European Journal of International Law*, Vol. 6, No. 3, 1995, pp. 477-479.

② See James Crawford, Universalism and regionalism from the perspective of the work of the International Law Commission, in *International Law on the Eve of the Twenty-First Century: Views from the International Law Commission*, United Nations: New York, 1997, pp. 99-121.

③ 例如，国际法院在1951年"对《防止及惩治灭绝种族罪公约》提出的保留"的咨询意见中，将"保留"这一原本属于美洲国际法的制度进行解释，从而实现了普遍适用；再例如，国际法院在1986年"边界案（布基纳法索/马里）"将"保持占有"解释为适用于整个国际社会的原则；又例如，国际法院在1950"庇护权案"中，将拉丁美洲的"不干涉"解释为普遍国际法规则。

导人在 2007 年 11 月 20 日于新加坡签署，是东盟第一份具有普遍法律意义的文件，其规定了东盟的目标、原则与地位。[①]《东盟宪章》坚持了不干涉内政原则，规定尊重各成员国独立、主权、平等、领土完整和民族特性，坚持和平手段解决纷争，加强区域内争议磋商机制。中国与东盟是战略伙伴关系，"中国—东盟高官磋商"是中国与东盟十国东盟事务高官重要年度磋商机制；在南海地区法律秩序重构方面，中国必须加强深化与东盟的合作和伙伴关系，积极发挥《东南亚友好合作条约》《东盟宪章》的区域国际法作用。另外，中国与东盟十国、日本、韩国、印度、斯里兰卡和孟加拉国等国在 2004 年签订了《亚洲地区反海盗及武装劫船合作协定》（以下简称《亚洲反海盗协定》），目的在于加强亚洲地区预防和打击海盗及武装劫船方面的区域合作，对亚洲地区、特别是马六甲海峡的海上安全具有积极意义。《亚洲反海盗协定》建立了新加坡信息交流中心，负责报告海盗活动、调查海盗事件和缔约国间分享资讯；从国际法上来说，《亚洲反海盗协定》是在特定地区，关于特定管辖事项作出规定的区域国际法规则，这种合作形式对南海地区法律秩序重构具有极大的启发作用。

（四）软法

软法（softlaw）在国际法上并没有明确的定义，不过可以确定的是软法是那些由国际法主体制定的、类似法律的且没有法律拘束力的国际规范。软法通常由国际组织在特定的框架下制定，用以处理某些国家间的行为，其通常没有形式上的法律渊源，所以缺乏法律拘束力；然而，软法的类法性包含了特定的法律效果。

软法可以分为国际组织决议和无拘束力的国家间协议两种。其一，国

---

① See Lin Chun Hung, ASEAN Charter: Deeper Regional Integration under International Law?, *Chinese Journal of International Law*, Vol. 9, 2010, pp. 821-837.

际组织的决议、宣言、决定等通常被认为是软法,除非这些文件被某些公约赋予拘束力,或者这些决议文件影响到已被国际法认可的法律渊源;这些决议可能与法律效果密切关联。例如,1948年联合国颁布的《世界人权宣言》(Universal Declaration of Human Rights, UNGA Res 217 A(III)),尽管这是一个道德、政治的宣言,然而其包含许多重要价值均被国际法所吸收,随后在此基础上产生了一系列的具有拘束力的国际公约。[①] 更重要的是,《世界人权宣言》依托联合国的法律框架,在缔约国之间具有了法律约束效力。软法另一个重大影响之处在于其在某些区域性国际组织内产生了特定的具体措施,例如欧盟体系。在欧盟框架内,欧盟议会、欧盟委员会共享立法、建议、决策权,其颁布的一系列决议属于软法范畴,在共同外交安全政策、司法和内政领域发挥作用。其二,"无拘束力的国家间协议"最为典型的例子是1975年"欧洲安全与合作会议最后决议"(又称"赫尔辛基决议",Final Act of the Helsinki Conference for Security and Cooperation in Europe, 1975)。虽然该决议规定内容较为详细,但是其本身没有法律上的约束力,而是一份"道德宣言";该决议并没有在联合国条约登记处登记在案。另外,软法在裁军议题上的作用非常重要。软法在裁军中的典型表现为国家间军事会谈机制,例如美苏间"削减战略武器会谈"(Strategic Arms Limitation Talks)。软法对于特定国家的行为具有指导性作用,并且能够在例如维护地区和平稳定、促进地区经济文化发展等特定方面发挥积极作用,尤其是在国际环境法领域更为突出。[②]

---

① 例如1966年《公民权利和政治权利公约》(International Covenant on Civil and Political Rights)、1966年《经济、社会、文化权利公约》(International Covenant on Economic, Social and Cultural Rights)。

② 例如1972年《斯特哥尔摩宣言》(Stockholm Declaration)、1992年《里约宣言》(Rio Declaration),这些宣言的原则、内容大多最终并入了具有法律拘束力的1992年《联合国气候变化框架公约》(United Nations Framework Convention on Climate Change)。

在南海地区,《南海各方行为宣言》(Declaration on the Conduct of Parties in the South China Sea, COC,以下简称《宣言》)是最重要的软法之一。《宣言》是中国与东盟共同维护南海地区的和平与稳定、涉及南海争议的争端解决与海洋合作的重要政治文件。[①] 其中,和平协商是解决南海地区争议的争端解决原则;南海各国在南海地区开展包括海洋环保、搜寻与求助、打击跨国犯罪等合作。《宣言》包含了解决南海地区争议的法律原则,对中国及东盟在南海地区的行为作出了指导性的规定;这些规定对于未来在南海地区最终形成真正具有拘束力的地区性国际条约体系、重建南海地区法律秩序具有重要意义。

二、国际争端解决机制

除了实体部分的国际法规则,南海地区还应当配以相应的程序法规则,具体而言,南海地区的争端解决机制。在具体讨论适用于南海地区的争端解决机制之前,有必要对重要的既存的国际争端解决机制进行梳理,包括《联合国宪章》的争端解决机制、《海洋法公约》争端解决机制、《海洋法公约》附件七提供的强制仲裁程序。

(一)《联合国宪章》项下的争端解决机制

《联合国宪章》第二条第三项规定,各会员国应以和平方法解决其国际争端,避免危及国际和平、安全及正义。《联合国宪章》第三十三条第一项规定,任何争端之当事国,于争端之继续存在足以危及国际和平与安全之维持时,应尽先以谈判、调查、调停、和解、公断、司法解决、区域

---

① See Zou Keyuan, Joint Development in the South China Sea: A New Approach, *International Journal of Marine and Coastal Law*, Vol. 21, 2006, pp. 106-107.

机关或区域办法之利用,或各国自行选择之其他和平方法,求得解决。

《联合国宪章》第十四章规定了国际法院(International Court of Justice, ICJ)的国际争端管辖权。国际法院是联合国的主要司法机关,联合国成员国为《国际法院规约》当事国,诉讼当事国必须遵守国际法院的判决。[①] 根据《国际法院规约》第三十六条第一款的规定,国际法院的管辖范围包括各当事国提交之一切案件,及联合国宪章或现行条约及协约中所特定之一切事件。国际法院作为国际法上的主要司法机关,其任务也正是为了减少争端、维护和平。[②]

(二)《联合国海洋法公约》项下的争端解决机制

《海洋法公约》第二百七十九条规定,缔约国应当在《联合国宪章》第二条第三项"和平解决"项下,采取《联合国宪章》第三十三条第一项规定之方法解决争端。第二百八十三条规定,缔约国就公约解释与适用的争端应当以谈判或者其他和平方法交换意见,即使争端解决程序已经结束,争端方也应当就实施方式交换意见。

《海洋法公约》第二百八十六条至第二百九十六条规定了争端解决的强制程序。[③]《海洋法公约》项下的强制争端解决程序一直饱受诟病,尤其是各国对其依赖性的加强及滥用该程序的倾向。实际上,《海洋法公约》

---

① 《联合国宪章》第九十二、九十三、九十四条。

② Ram Prakash Anand, Enhancing the Acceptability of Compulsory Procedures of International Dispute Settlement, *Max Planck Yearbook of United Nations Law*, Vol. 5, 2001, p. 19.

③ 《海洋法公约》第二百八十七条第一款规定,可以解决有关公约解释与适用的方法包括:按照附件六设立的国际海洋法法庭、国际法院、按照附件七组成的仲裁庭、按照附件八组成的处理其中所列的一类或一类以上争端的特别仲裁法庭;第二百八十七条第三款规定,缔约国如为有效声明所未包括的争端的一方,应视为已接受附件七所规定的仲裁;第二百八十七条第五款规定,如果争端各方未接受同一程序以解决这项争端,除各方另有协议外,争端仅可提交附件七所规定的仲裁。

第十五部分强制争端解决程序是为了贯彻第一百九十二条项下的海洋环境保护的普遍义务；除海洋环境保护外，强制争端解决程序的适用空间并不大。① 第二百九十六条规定，具有管辖权的法院或者法庭所作出的裁判具有确定性，且对争端方具有拘束力。目前看来，作为《海洋法公约》设立的国际司法裁判机构，国际海洋法法庭（International Tribunal for the Law of the Sea, ITLOS）主要在临时措施、迅速释放程序中适用了强制争端解决程序。② 相关国家事先签订的争端解决协议、条约可以构成触发《海洋法公约》第十五部分强制争端解决机制的阻隔事项，例如中国与包括菲律宾在内的东盟国家在2002年发布的《南海各方行为宣言》，规定南海地区的海洋争端由直接有关当事国通过谈判解决有关争议，从而排除了《海洋法公约》的强制争端解决程序。③

第十五部分第三节则规定了强制程序的例外。最重要的是第二百九十八条的"任择性例外"，即缔约国有权涉及海洋划界、历史性海湾或所有权、领土主权或其他权利、军事及政府活动、安理会授权事项的争端作出声明，从而排除第二节强制程序的适用。④ 该条在很大程度上成

---

① See Stuart Kaye, The Law of the Sea Convention and Sea Level Rise after the South China Sea Arbitration, *International Law Studies*, Vol. 93, 2017, p. 440.

② See Thomas A. Mensah, The Dispute Settlement Regime of the 1982 United Nations Convention on the Law of the Sea, *Max Planck Yearbook of United Nations Law*, Vol. 2, 1998, pp. 318-320.

③ See Zou Keyuan, China and the United Nations Convention on the Law of the Sea: Recent Developments and Prospects, *Ocean Yearbook*, Vol. 26, No. 1, 2012, pp. 177-178; See Douglas W. Gates, International Law Adrift: Forum Shopping, Forum Rejection, and the Future of Maritime Dispute Resolution, *Chicago Journal of International Law*, Vol. 18, No. 1, 2017, p. 315.

④ See Robin Churchill, Dispute Settlement under the UN Convention on the Law of the Sea: Survey for 2009, *International Journal of Marine and Coastal Law*, Vol. 25, 2010, p. 459; Susanne Wasum-Rainer; Daniela Schlegel, The UNCLOS Dispute Settlement System - Between Hamburg and the Hague, *German Year Book of International Law*, Vol. 48, 2005, pp. 200-201.

为了排除与主权相关之敏感事项的"安全阀"。① 大多数海洋强国均选择了任择性例外。② 中国在2006年发表排除性声明,根据第二百九十八条的规定,排除涉及海洋划界、历史性海湾或所有权、军事和执法活动等方面的强制争端解决程序。③

从《海洋法公约》第十五部分强制争端解决程序出现以来,学界对于该制度的批评之声也不绝于耳。一方面,第十五部分的大量限制性条件与排除性例外会在实际效果上使得大量海洋争端并未适用强制程序;④ 另一方面,有一些并不属于第十五部分管辖的争端在事实上却由强制争端解决程序管辖,例如南海仲裁案。菲律宾在南海仲裁案中所提起的诉讼请求中,有很多所谓的诉请与海洋划界、军事活动等这些中国在2006年声明的任择性例外事项有着不可分割的紧密联系;很多诉请中的关键问题,其与海洋划界等事项就属于一内一外的关系,或者说,例如确定专属经济区范围就是海洋划界的最重要组成部分之一,所谓从"公约的解释与适用"来进行技术性分析根本就是强行剥离了两者之间的天然联系;毕竟,强制性解决程序最早出现在双边(或者三边)协议中,⑤ 以《海洋法公约》这一公约形式出现极为少见。从这一点上来说,《海洋法公约》第十五部分规

---

① See Zou Keyuan, Ye Qiang, Interpretation and Application of Article 298 of the Law of the Sea Convention in Recent Annex VII Arbitrations: An Appraisal, *Ocean Development and International Law*, Vol. 48, Issue 3-4, 2017, pp. 331-344.

② See Zou Keyuan, The International Tribunal for the Law of the Sea: Procedures, Practices, and Asian States, *Ocean Development and International Law*, Vol. 41, 2010, p. 138.

③ See Zou Keyuan, Maritime Issues between China and Japan and the Prospect for Resolution, *China Oceans Law Review*, No. 2, 2010, pp. 169-170.

④ Shigeru Oda, Dispute Settlement Prospects in the Law of the Sea, *International and Comparative Law Quarterly*, Vol.44, Issue 4, October 1995, pp. 863-864.

⑤ Ian Brownlie, The Peaceful Settlement of International Disputes, *Chinese Journal of International Law*, Vol. 8, No. 2, 2009, p. 274.

定的强制争端解决程序将会助长国际司法机构的管辖权扩张趋势，①从而发展成为管辖权冲突，②最终造成国际法的日益碎片化。③

（三）《海洋法公约》附件七仲裁规定的缺陷

《海洋法公约》附件七具体规定了公约第十五部分争端解决的强制程序下的国际仲裁。其中，附件七最重要的内容包括第三条（仲裁法庭的组成）、第十一条（裁决的确定性）、第十二条（裁决的解释或执行）。

附件七的强制仲裁程序是一项不必要的强行义务，排除条件是国家的积极表示，而非默示拒绝。虽然附件七的强制仲裁程序可以被其他有关的国际争端解决协议所排除，但是在此种强行义务项下，缔约国对于附件七的适用范围是不确定的，对于积极排除是没有强制义务的。在第一个由附件七组成的仲裁庭审理的2000年"南方蓝鳍金枪鱼案"中，仲裁庭认为，对于附件七强制仲裁程序的排除可以通过"默示的解释"实现，例如《蓝鳍金枪鱼养护公约》第十六条的规定。④然而，未对《海洋法公约》第十五部分第二章的强制争端解决程序作出保留、声明的国家不得排除该程序的适用。从这点上来看，附件七更像是在缔约国之上增加了一项积极义务，而要避免这项积极义务，缔约国必须穷尽列举所有可排除事项。那

---

① See Jonathan I. Charney, The Implications of Expanding International Dispute Settlement Systems: The 1982Convention on the Law of the Sea, *The American Journal of International Law*, Vol. 90, No. 1, 1996, pp. 70-73.

② Rosemary Rayfuse, The Future of Compulsory Dispute Settlement under the Law of the Sea Convention, *Victoria University Wellington Law Review*, Vol. 36, 2005, p. 710.

③ See Alan Boyle, Dispute Settlement and the Law of the Sea Convention: Problems of Fragmentation and Jurisdiction, *International and Comparative Law Quarterly*, Vol.46, Issue 1, 1997, pp. 37-54.

④ See Southern Bluefin Tuna (New Zealand v Japan, Australia v Japan), Award on Jurisdiction and Admissibility of 4 August 2000, *R.I.A.A* Vol. XXIII, pp. 43-44, paras. 56-59.

么，附件七并非如某些学者所言的"有效的"仲裁庭选择方式。①

附件七的强制仲裁程序将管辖权审查权赋予了由附件七成立的仲裁庭，这样就造成了附件七项下的仲裁庭审查是否能够依据附件七成立仲裁庭的荒诞局面。依据附件七成立的仲裁庭是不太可能判定自己不享有管辖权的。这在荒唐的南海仲裁案中表现得淋漓尽致。在2006年"巴巴多斯/特立尼达和多巴哥海洋划界仲裁案"中，巴巴多斯援引《海洋法公约》第十五部分第二章的强制争端解决程序。由于双方当事国均未对《海洋法公约》第二百八十七条提出保留声明，故而仲裁庭认为双方接受强制仲裁程序的适用。② 从这个意义上讲，附件七项下的强制仲裁程序并不需要双方当事国的同意。③ 然而国际司法争端解决程序的核心价值又恰恰在于国家自愿，而非强制。④

这些问题正表明了依据附件七成立的仲裁庭同时存在着自裁管辖与管辖权扩张侵害两大问题。⑤ 由于上述这些缺陷的存在，附件七并不是一个常见的争端解决制度，争端双方当事国更愿意发表声明从而排除附件七的

---

① See Louis B. Sohn, Peaceful Settlement of Disputes in Ocean Conflicts: Does UNCLOS III Point the Way, *Law and Contemporary Problems*, Vol. 46, 1983, pp. 196-197.

② See Barbara Kwiatkowska, The Landmark 2006 UNCLOS Annex VII Barbados/Trinidad and Tobago Maritime Delimitation (Jurisdiction & (and) Merits) Award, *George WashingtonInternational Law Review*, Vol. 39, 2007, p. 578; See Yoshifumi Tanaka, Arbitral Tribunal Award, Annex VII LOSC Bardabos v. Trinidad and Tobago, *International Journal of Marine and Coastal Law*, Vol. 21, 2006, pp. 525-526.

③ See Sienho Yee, Intervention in an Arbitral Proceeding under Annex VII to the UNCLOS?, *Chinese Journal of International Law*, Vol. 14, 2015, pp. 96-98.

④ Arthur Watts, Enhancing the Effectiveness of Procedures of International Dispute Settlement, *Max Planck Yearbook of United Nations Law*, Vol. 5, No. 1, 2001, p. 36.

⑤ See Sienho Yee, The South China Sea Arbitration (The Philippines v. China): Potential Jurisdictional Obstacles or Objections, *Chinese Journal of International Law*, Vol. 13, 2014, pp. 735-739; Natalia Klein, Expansions and Restrictions in the UNCLOS Dispute Settlement Regime: Lessons from Recent Decisions, *Chinese Journal of International Law*, Vol. 15, 2016, pp. 405-406.

适用。①

（四）海洋争端解决机制如何在南海争端中发挥真正、有效的作用

南海地区法律秩序最终应当在南海争端中发挥真正且有效的作用，应当有效地和平解决南海地区有关岛屿与海域的争端。基于上述论述，南海地区法律秩序应当基于和平、协商、合作互赢的原则。国际法的目的在于使得争端各国最终以和平方式解决争端，而不是迫使各国接受所谓的第三方裁判。② 和平手段也是《联合国宪章》《海洋法公约》倡导的争端解决方式，和平手段应当包括但不限于以下几个方面：

第一，坚持规则导向的和平方式解决争端。规则导向立足于南海地区总体的国际法规则，通过建立"成文法——习惯法——区域国际法——软法"的整体国际法框架，多层次、多领域贯彻和落实和平解决的法律机制。

第二，大力拓展南海地区协商对话机制渠道。以平等为原则的协商进程是实现和保障地区和平的重要方式；就海洋法方面，南海地区的协商对话机制仍然有待完善，对话渠道有待拓展，各类促进协商对话的交流法律条约、宣言等法律文件需要增加。众所周知，世界上绝大多数争端都是由谈判协商和平解决的。

第三，积极推进南海地区争端解决法律机制。为了实现南海地区的和平与发展，南海地区有关国家可以考虑建立一套有效的争端解决法律程序

---

① See Peter Tzeng, Jurisdiction and Applicable Law under UNCLOS, *The Yale Law Journal*, Vol. 126, 2016, pp. 146-147.

② See Abraham D. Sofaer, The Philippine Law of the Sea Action against China: Relearning the Limits of International Adjudication, *Chinese Journal of International Law*, Vol. 15, 2016, p. 400.

规则及体系,①甚至有必要成立一个地区司法或仲裁机构,②作为对谈判协商的一种补充。我们知道,在中国与东盟于2004年签订的《中国—东盟全面经济合作框架协议争端解决机制协议》中规定了第三方仲裁程序。可以相信,一个有本区域专业法律人士组成的仲裁庭或司法机构肯定比域外人士更了解本区域的具体情况,不仅通晓国际法,而且也通晓本区域的法律文化与传统,把握有关争端的症结,从而提供有利于争端解决的可行裁决。

三、我国对于当代国际法发展的贡献

我国在发展和完善国际法规则上作出了重要的贡献,有一些甚至是主导型的贡献,例如"和平共处五项原则"。我国对南海地区的贡献至少包括《海洋法公约》、"南海行为准则"的议定与诸如"中菲南海问题双边磋商机制"等其他规则的产生。

(一)中国与国际法规则

中国在国际法规则的形成与制定中发挥了重要的作用。1954年4月29日,中国在与印度签订的《关于中国西藏地方和印度之间的通商和交通协定》中首次正式提出"和平共处五项原则",确立了互相尊重领土主权、互不侵犯、互不干涉、平等互惠、和平共处五项基本原则。随后,和平共处五项原则迅速在国际社会获得广泛支持,这些原则规定在众多国际条

---

① See Arthur Watts, Enhancing the Effectiveness of Procedures of International Dispute Settlement, *Max Planck Yearbook of United Nations Law*, Vol. 5, No. 1, 2001, pp. 21-39.

② See Allan Rosas, International Dispute Settlement: EU PracticesandProcedures, *German Year Book of International Law*, Vol. 46, 2003, pp. 320-322.

约、协定、宣言等法律文件之中；最终成为现代国际法的基本原则。①

我国在联合国的舞台上也积极推动着国际法治的发展。一方面，中国履行安理会常任理事国职责，维护国际社会的和平与安全。中国在反对强权政治、缓解国际冲突、军控及维和行动等方面发挥了积极的作用。②另一方面，中国致力于维护广大发展中国家利益，促进国际社会的共同发展与进步。中国在建立国际经济新秩序、帮助经济落后国家等方面作出了重大的贡献。另外，我国在一系列的国际法问题上，如对承认、继承、国籍、领土、条约、使领馆制度、和平解决争端等方面，都有新的贡献。③

中国与周边国家也在积极开拓国际法治发展的新路径、新模式。2016年6月25日，中国与俄罗斯签署《中华人民共和国和俄罗斯联邦关于促进国际法的声明》，强调国际法原则是合作共赢为核心的公正合理的国际关系、打造人类命运共同体的基石，重申和平解决争端原则，提出《海洋法公约》规定应统一适用，不能损害缔约国的权利和合法利益，同时不能破坏《公约》所建立的法律制度的完整性。④2017年1月18日，中国与菲律宾在第20次中菲外交磋商中同意建立中菲南海问题双边磋商机制，由两国外交部牵头，就双方关切的问题及促进海上合作和海上安全进行

---

① 例如1955年万隆亚非会议《关于促进世界和平与合作的宣言》、1965年《关于各国内政不容干涉及其独立与主权的保护宣言》、1970年《关于各国依<联合国宪章>建立友好关系及合作之国际法原则宣言》2001年《中华人民共和国和俄罗斯联邦睦邻友好合作条约》等。

② 例如对联合国安理会第665号决议的修正建议、对第678号决议的弃权，对伊拉克入侵科威特事件的解决起到了重要作用；再例如，中国不但在联合国提出裁军主张与议案，并且主动、率先进行裁军行动，同时又促成了《常规武器转让准则》、《不扩散核武器条约》等军控条约的达成与延长；中国一贯支持联合国安理会开展的维和行动，并且积极参与了纳米比亚、西撒哈拉、柬埔寨等地区的维持和平行动。

③ 汪暄：'国民待遇与政府购买'，载《中国国际法年刊(1993)》，中国对外翻译出版公司，1994年版，第7页。

④ 全文见《中华人民共和国和俄罗斯联邦关于促进国际法的声明》，外交部网站，http://www.fmprc.gov.cn/ce/cgbar/chn/zgyw/t1375313.htm，最后访问时间：2018年2月7日。

商讨。①

（二）中国与《海洋法公约》

众所周知，中国是《海洋法公约》的起草和谈判国之一，中国的一些主张与建议，最终反映在《海洋法公约》之中，特别是海洋环境保护、海洋科学研究与争端解决。②

中国在签署或批准《海洋法公约》之后，为了使公约得以在国内法层面执行，先后颁布了两部海洋基本法，即1992年《中华人民共和国领海及毗连区法》③和1998年《中华人民共和国专属经济区和大陆架法》④。根据上述两部法律，中国建立了符合《海洋法公约》的基本海洋区域制度，宣布了有关的领海基线。除此之外，中国还修订并颁布了一系列规范海洋事务的立法，例如2001年的《中华人民共和国海域使用管理法》⑤、2010年生效的《中华人民共和国海岛保护法》⑥、2016年的《中华人民共和国深海海底区域资源勘探开发法》⑦、2017年再次修订的《中华人民共和国海洋环

---

① 参见"中菲举行第20次外交磋商"，外交部网站，http://www.fmprc.gov.cn/web/wjb_673085/zzjg_673183/yzs_673193/xwlb_673195/t1431646.shtml，最后访问时间：2018年1月21日。

② 参见余民才：《中国与<联合国海洋法公约>》，载《现代国际关系》，2012年第10期，第55—62页。

③ 《中华人民共和国领海及毗连区法》http://www.npc.gov.cn/wxzl/wxzl/2000-12/05/content_4562.htm，2018年1月15日。

④ 《中华人民共和国专属经济区和大陆架法》，http://www.gov.cn/ziliao/flfg/2005-09/12/content_31086.htm，2018年1月15日。

⑤ 《中华人民共和国海域使用管理法》，http://www.npc.gov.cn/wxzl/gongbao/2001-10/29/content_5277076.htm，2018年1月16日。

⑥ 《中华人民共和国海岛保护法》，http://www.gov.cn/flfg/2009-12/26/content_1497461.htm，2018年1月16日。

⑦ 《中华人民共和国深海海底区域资源勘探开发法》，http://www.gov.cn/zhengce/2016-02/27/content_5046853.htm，2018年1月16日。

境保护法》等①。由此可见,中国在《海洋法公约》的产生与实施方面发挥了重要的作用;《海洋法公约》是体现中国国家利益的国际法规则。需要强调的是,中国更是《海洋法公约》有效执行的坚定维护者。②

另一方面,应该看到,《海洋法公约》仅仅是千万个国际条约中的一个,尽管适用于南海地区,但并不可能成为解决南海问题的唯一规范。如前所述,适用于南海地区的国际法规范还包括习惯国际法等其他国际法规范。

(三)"南海行为准则"

"南海行为准则"是2002年《南海各方行为宣言》的延伸和发展。2016年7月25日的《中国和东盟国家外交部长关于全面有效落实<南海各方行为宣言>的联合声明》指出,中国与东盟承诺包括1982年《联合国海洋法公约》在内的公认的国际法原则所规定的在南海的航行及飞越自由;根据包括《海洋法公约》在内的公认的国际法规则,由直接有关的主权国家通过友好磋商和谈判,以和平方式解决它们的领土和管辖权争议,而不诉诸武力或以武力相威胁;开展包括航行安全、搜救、海洋科研、环境保护以及打击海上跨国犯罪等各领域的探讨或合作。③2017年5月18日,中国与东盟通过"南海行为准则"(以下简称"准则")框架,为"准则"磋

---

① 《中华人民共和国海洋环境保护法》,http://www.soa.gov.cn/zwgk/fwjgwywj/shfl/201705/t20170517_56111.html,2018年1月16日。
② 即使在非法的南海仲裁案即将宣布裁决前夕,中国依然坚定地维护包括《联合国海洋法公约》在内的国际法的完整性、严肃性和权威性。参见辛闻:"外交部:中方维护《联合国海洋法公约》拒绝南海仲裁",中国网,http://news.china.com.cn/world/2016-07/11/content_38857096.htm,最后访问时间:2018年1月20日。
③ 《中国和东盟国家外交部长关于全面有效落实<南海各方行为宣言>的联合声明》,外交部网站,http://www.fmprc.gov.cn/web/gjhdq_676201/gjhdqzz_681964/lhg_682518/zywj_682530/t1384157.shtml,最后访问时间:2018年1月21日。

商奠定了坚实基础。①2018年8月初，双方就"准则"单一磋商文本草案达成一致。这是"准则"磋商进程中取得的一个实质性进展，为未来的磋商提供了坚实的基础。"南海行为准则"一旦缔结，将成为中国与东盟国家以自主方式制定出的维护南海和平稳定的区域规则。②

（四）南海仲裁案的长期应对

首先，中国公开宣布南海仲裁案对其没有拘束力，中国没有法律义务遵守裁决。南海仲裁案本身就是由菲律宾阿基诺三世政府单方面提起的所谓"国际仲裁"，中国由始至终均没有参与，而且中方一贯采取不承认的立场。但应该清楚认识到，尽管中国不参与、不承认、不接受该仲裁，但根据《海洋法公约》的有关规定，中国仍然是该仲裁案的当事方，受到仲裁结果的不利制约。

其次，也应该认识到，南海仲裁案不是国际法规范的一部分，亦不属于适用于南海地区的国际法规则。仲裁庭不是"造法"机构，不能也不被允许"造法"。即使南海仲裁案成为国际司法判例的一部分，也只能作为与学者学说一样的"法律原则之补助材料"，并不构成国际法规则。③

南海仲裁案将对国际社会造成长期的不良影响，南海仲裁案破坏了应当在南海地区适用的国际法规范体系。④为了应对南海仲裁案的消极影响，

---

① 参见白云怡："重要成果！中国与东盟通过'南海行为准则'框架"，环球网，http://mil.huanqiu.com/observation/2017-05/10693633.html，最后访问时间：2018年1月20日。

② 参见"王毅：营造良好环境，排除各种干扰，稳步推进'南海行为准则'谈判"，外交部网站，http://www.fmprc.gov.cn/web/wjbz_673089/zyhd_673091/t1469556.shtml，最后访问时间：2018年1月21日。

③ 国际法中没有普通法项下的判例法，国际司法判例并不具备普通法中判例法的拘束力。

④ See Chris Whomersley, The Award on the Merits in the Case Brought by the Philippines against China Relating to the South China Sea: A Critique, *Chinese Journal of International Law*, Vol. 16, 2017, p. 421; See Stefan Talmon, The South China Sea Arbitration and the Finality of Final Awards, *Journal of International Dispute Settlement*, Vol. 8, 2017, p. 389.

中国应当从国际法和国家实践中进行系统的梳理，借鉴和采纳、或创设真正适用于南海地区的法律规则。

四、结论

面对南海地区更加严峻的法律斗争形势，我们应当认识到，在南海地区重新构建国际法秩序的必要性与紧迫性。首先，我们应当正确认识到适用在南海地区的国际成文法与习惯法的平行作用，《海洋法公约》并不是唯一的规范来源，应当强调并重视习惯国际法在南海地区争议中发挥的地位与作用。其次，软法在南海地区应当占据应有的一席之地，如《南海各方行为宣言》，可以成为构建新型南海地区法律秩序的原则性法律规定的渊源；作为国际法的一部分，南海地区的区域国际法也应当扮演更加重要的角色。再次，面对现有涉及海洋法的争端解决机制，应当清楚认识其缺陷，并利用《海洋法公约》缔约国年度磋商机制对其加以必要的修正。另一方面，强调在南海地区以谈判协商为主的和平解决争端方式并发展域内特有的国际争端解决机制。最后，进一步提高法律意识和运用国际法的能力，有效推进以我为主、符合我国利益的南海地区法律秩序的重新构建，彻底打破以美国为首的西方国家所谓的"rule-based"说辞的迷思。

南极与南海法律治理机制的比较法研究

戴宗翰　张晏瑲①

|摘　要| 本文尝试比较分析南极与南海"治理机制"并集中在相对明确的法律规范层面。以南极地区而言锁定南极条约体系，是一份专属南极地区的法律建制（Legal Regime）。南海地区则探讨软法性质的"区域论坛"及硬法性质的全球法律治理机制，这些法律层面的规范都符合治理机制的概念。本文旨在通过两区域的比较法研究，提出南海争端的僵局并非无解，透过软法性质的"区域论坛"能有效在南海"共同利益"和"共同失利"的议题上取得共识。更远的未来，南海地区甚可设立"和平示范区"及"跨政府间高阶论坛"以完备南海治理机制。

|关键词| 南海　南极　《南极条约》　1982年《联合国海洋法公约》　法律治理

一、引言

在对本文主题展开讨论之前，有必要对本文研究限制作一说明。若以

---

① 戴宗翰，山东大学法学院副教授，硕士生导师。本文系2017年度国家社科基金重大项目《全球海洋治理新态势下中国海洋安全法律保障问题研究》(项目批准号：17ZDA146)的阶段性研究成果。张晏瑲，大连海事大学法学院教授，博士生导师。本文系2017年度国家社科基金重大项目《中国海权发展模式及海洋法制完善研究》(项目批准号：17ZDA145)的阶段性研究成果。

国际关系角度观察，全球无一争端区域其历史、背景和特征是相同的。基于南极与南海在争端性质上存在诸多不同处，本质上似乎缺乏比较的基础，但若从区域争端法律治理机制的视角观察，南极法律治理机制的实践也为未来南海治理机制提供了有益的借鉴。因此本文研究范畴仅限于争端区域的法律治理机制比较。在南极地区，纵使存在领土主权争议，但南极极端的气候状况，各国皆缺乏真正有效的控制与占领，在政治上较易达成"冻结主权"的共识，也因而促成南极条约体系的制定；更甚者，南极洲大陆在《关于环境保护的南极条约议定书》（The Protocol on Environmental Protection to the Antarctic Treaty）第7条规定下，任何有关矿产资源的活动都应予以禁止至少至2048年。[①] 至此，因气候环境及南极条约体系的"硬法"规范，南极洲大陆主要人类活动只剩科研活动。相较之下，南海争端域外国家高度涉入，南海岛礁被五国六方实质占领并具高度军事及战略意涵，争端方之间高度政治分歧且无共识，南海作为全球多国主要航运生命线，其水域蕴藏丰富生物及非生物资源。从这些国际关系基本条件与争端背后属性观察，南极与南海是不具可比性的。

不同学者对"治理机制"的理解各异，其中一个较为普遍的说法是："治理机制是指国际关系中符合各参与国期待的一系列明确的原则、标准、规则以及决策程序。"[②] 此外，治理机制的主要作用是解决集体利益中的难题，例如环境保护、自然资源的共享或是集体安全。因此，"共同利益"和"共同失利"是治理机制得以建立的两个重要的基础。就前者而言，治理机制发挥的主要作用是"合作"，就后者而言，其需要做的则是"协

[①] Redgwell, C., "Environmental Protection in Antarctic: The 1991 Protocol", *The International and Comparative Law Quarterly*, Vol. 43, No. 3 (1994), p. 609.

[②] Krasner, Stephen D., "Structural Causes and Regime Consequences" In Krasner, Stephen D., edited *International Regimes* (Ithaca, New York: Cornell University Press, 1983), pp. 1-21.

调"。鉴于治理机制范畴广泛，国际法学界鲜有针对争端区域治理机制进行系统分析，本文尝试比较分析南极与南海"治理机制"并集中在相对明确的法律规范层面。以南极地区而言锁定南极条约体系，是一份专属南极地区的法律建制（Legal Regime）。南海地区则探讨软法性质的"区域论坛"及硬法性质的全球法律治理机制，这些法律层面的规范都符合治理机制的概念。也由于南极与南海同时面临主权争议及潜在军事冲突，然两争端区域的发展却大为不同，相对于南海情势的紧张，南极治理机制的成功经验已妥善将争议暂时搁置，各缔约方也在治理机制下开展共同利益的务实合作。本文旨在通过两区域的比较法研究，提出南海争端的僵局并非无解，透过软法性质的"区域论坛"能有效在南海"共同利益"和"共同失利"的议题上取得共识。更远的未来，南海地区甚可设立"和平示范区"及"跨政府间高阶论坛"以完备南海治理机制。有意思的是，现阶段中国与东盟国家在"南海行为准则"案文磋商上的成果，恰正是朝此方向迈进的第一步。

二、南极法律治理机制

（一）南极地区主权争议

人类活动的不断增加以及气候变化进程的加速，对南极的自然环境和地区治理机制造成了新的挑战。南极的陆地面积将近1420万平方公里（大致相当于美国和墨西哥面积的总和），占地球陆地面积的10%。[1] 南极洲被南大洋所围绕，通常被人们描述为"海拔最高、最为干燥、风力最大、

---

[1] Tray, K., "Fear and Loathing in the South Pole: The Need to Resolve the Antarctic Sovereignty Issue and a Framework for Doing It", *Temple International and Comparative Law Journal*, Vol. 22, No.1 (2008), p. 215.

最冷的陆地"。① 98%的陆地被冰雪覆盖，冰盖平均厚度达到2500米（某些地方甚至超过了4500米），而这些冰盖中储藏着地球近70%的淡水资源。② 南极大陆有丰富矿产，附近海洋有丰富鱼类资源，自20世纪以来，澳大利亚、法国、新西兰、智利、阿根廷、英国和挪威等7个国家先后对南极洲的部分地区正式提出主权的主张。③

这些国家的主权主张有些是基于"探险与发现"原则提出，主张南极洲是无主地或者不属于任何国家。因此，可以被任何国家合法取得。④ 也有一些国家则以邻近原则（Principle of Proximity）主张对南极地区的主权，更有南半球邻近南极洲国家主张扇形原则（Sector Principle）。以上种种对南极地区的领土要求不但相互重叠且经常发生争执，任何国家对南极的主权声明都未被其他国家承认过，导致这些主权主张均是片面声明。南极地区并没有固定的居民，且由于南极极端的气候状况，各国皆缺乏实际行动的支持，从来没有国家对南极地区实施过真正有效的控制与占领。⑤

（二）《南极条约》

20世纪50年代，在冷战背景下对南极的争夺迅速升温，越来越多的国家对南极产生兴趣，并以科考的名义在南极建立考察站，在这样的背景

---

① Scott, K., "Institutional Developments within the Antarctic Treaty System", *International and Comparative Law Quarterly*, Vol. 52, No. 2 (2003), p. 473.

② Tray, K., "Fear and Loathing in the South Pole: The Need to Resolve the Antarctic Sovereignty Issue and a Framework for Doing It", *Temple International and Comparative Law Journal* Vol. 22, No.1 (2008), p. 215.

③ Haward, Marcus, "The Law of the Sea Convention and the Antarctic Treaty System: Constraints or Complementarily?" In Seoung-Yong Hong and Jon M. Van Dyke, edited *Maritime Boundary Disputes, Settlement Processes, and the Law of the Sea* (Publications on Ocean Development, Vol. 65, 2009), p. 232.

④ Slomason, W. R., *Fundamental Perspectives on International Law* (Belmont, CA: Thomson Wadsworth, 2007), p. 268.

⑤ 邱宏达、陈纯一修：《现代国际法》，台北，三民书局2014年版，第525页。

下经过激烈磋商与谈判，参与南极科研活动的国家签署了1959年《南极条约》（The Antarctic Treaty），暂时冻结各国在南纬60度以南的领土主张以避免矛盾的进一步升级。[①] 尽管在1950年之前就有7个国家对南极的部分区域提出了主权主张，但当时的两个超级大国——美国和苏联，并没有对南极提出主权声明。美、苏两国声称保留对整个南极洲提出主张的权利，并且不承认任何国家的主权声明。值得注意的是，两个超级大国在被其他国家主张拥有主权的区域都建立了科考站，并将此作为对抗他国主权声明的依据。[②]

1957年7月1日到1958年12月31日（为期18个月），在国际科学联合会理事会的支持下，世界各国共同对南北两极、高纬度地区、赤道地带和中纬度地区，进行一次全球性的联合观测，国际科学联合会理事会并将该年更名为"国际地球物理年"（International Geophysical Year, IGY）。此后，各国就南极科学研究、主权问题以及军事问题进行了正式的磋商与谈判。经过激烈讨论之后，最终于1959年12月，在国际地球物理年期间参与南极科学研究活动的12个国家，[③] 签署了1959年《南极条约》并于1961年6月23日生效。此条约规范各国对于南极地区生态保护与科学研究活动，且禁止各国在此从事军事活动，此乃冷战时期第一个限武协议。另早期南极条约体系并未设立秘书处，这主要是因为当时协商国的数量相

---

① Loan, J., "The Common Heritage of Mankind in Antarctica: An Analysis in Light of the Threats Posed by Climate Change", *New Zealand Yearbook of International Law*, Vol. 1 (2004), p. 166.

② Tray, K., "Fear and Loathing in the South Pole: The Need to Resolve the Antarctic Sovereignty Issue and a Framework for Doing It", *Temple International and Comparative Law Journal*, Vol. 22, No.1 (2008), p. 218.

③ 12个国家分别为：阿根廷、澳大利亚、比利时、智利、法国、日本、新西兰、挪威、南非、美国、英国、苏联。

对较少，且大部分协商国都赞同"分布式"的管理模式。① 然而，20世纪80年代以来情况发生了根本性的变化。从那时起，南极条约协商国的数量扩大到大约是以前的三倍，造成许多之前从未遇到过的难题。为了应对这些挑战，南极条约体系在运行过程中不断进行调整，治理结构日益完善。2001年7月，南极条约协商国决定设立南极条约常务秘书处，并于2004年9月在阿根廷首都布宜诺斯艾诺斯（Benous Aires）正式成立南极条约体系秘书处，以作为年会召开及相关信息交流与出版等行政事项之处理机关。

综整1959年《南极条约》的14个条文。其中第1条明确规定："南极洲应仅用于和平目的。"一切具有军事性质的措施均予禁止。同时规定禁止在南极地区进行核试验或处理放射性物质，这一规定主要是针对美国和苏联两个超级大国，禁止他们在南极存放核武器或者放射性物质。② 条约的第9条对南极条约协商会议进行了规定。第14条为争端解决条款，适用于解决两个或两个以上缔约方之间有关条约的解释或适用的争端。最为重要的是，条约第4条的规定，满足缔约国对南极主权问题的关切也冻结所有国家对于南极的主权主张。按条约第4条第1款规定，条约的生效不影响缔约国之前已提出过的对在南极洲的领土主权的权利或要求；按条约第4条第2款规定则满足美国和苏联的要求，即不承认其它国家对南极领土主权的主张。③ 截止至本文写作之日，《南极条约》共有缔约方

---

① Scott, K., "Institutional Developments within the Antarctic Treaty System", *International and Comparative Law Quarterly*, Vol. 52, No. 2 (2003), p. 474.

② Candidi, M., *Principles of the Antarctic Treaty* (EAS Publications Series, 2008), Vol. 33, p. 233.

③ 按《南极条约》第4条第1款规定，原来各国对南极领土主权权利或领土的要求不受影响。第4条第2款规定："在本条约有效期间所发生的一切行为或活动，不得构成主张、支持或否定对南极的领土主权的要求的基础，也不得创立在南极的任何主权权利。在本条约有效期间，对在南极的领土权不得提出新的要求或扩大现有的要求。"

53个，29个国家为协商国，包括12个签约国和17个其他国家。① 协商国（Consultative Countries）资格的先决条件取决于是否在南极建立了科考站或是开展了实质科学考察活动，因此协商国有权表决和通过决议。② 而其它24个非协商国（non-Consultative Countries）则只能列席会议，不能参与表决。③

（三）南极条约体系

南极条约体系（Antarctic Treaty System, ATS）就是指涉一套专属南极地区的法律建制，藉以规范南极地区的资源开发、环境保护、军事活动及科学研究等人类活动。其中以1959年《南极条约》为核心，包括"南极条约协商会议"（Antarctic Treaty Consultative Meeting, ATCM）所实施的以下五个公约：

（1）1964年《保护南极动植物议定措施》（Agreed Measures for the Convention of Antarctic Fauna and Flora）：该措施主要涉及特别保护区、特别管理区、特别科学性兴趣的设立其他环境保护问题。

（2）1972年《南极海豹保护公约》（The Convention for the Conservation of Antarctic Seals, CCAS）：1972年《南极海豹保护公约》旨在对于商业开发活动中的南极海豹资源予以保护。与1959年《南极条约》一样，条约中并没有对议事机构进行规定，甚至也没有规定缔约方会议。1972年《南极海豹保护公约》中唯一提到的机构

---

① 17个国家分别为：巴西、保加利亚、中国、捷克共和国、厄瓜多尔、秘鲁、芬兰、德国、印度、意大利、韩国、荷兰、波兰、西班牙、瑞典、乌克兰和乌拉圭。

② Dodds, K., "Governing Antarctica: Contemporary Challenges and the Enduring Legacy of the 1959 Antarctic Treaty", *Global Policy*, Vol. 1, No. 1 (2010), p. 110.

③ ATS website, Parties, http://www.ats.aq/devAS/ats_parties.aspx?lang=e (accessed 7 September 2018).

就是南极科学研究委员会（The Scientific Committee on Antarctic Research），需要注意的是，此机构并不是依照1972年《南极海豹保护公约》建立的。南极科学研究委员会是由国际科学理事会（The International Council for Science, ICSU）所设立，该理事会负责南极洲科学研究的开展及协调工作，同时也为南极条约体系以及其它组织提供一些国际化的、独立的、科学的建议。①

（3）1980年《南极海洋生物资源养护公约》（The Convention on the Conservation of Antarctic Marine Living Resources）：1977年各国开始商讨制定1980年《南极海洋生物资源养护公约》，对南极水域海洋生物资源的捕捞活动进行监管，尤其是磷虾和犬牙鱼。②1980年《南极海洋生物资源养护公约》反映了1959年《南极条约》协商国在保护南极环境方面的义务，特别是根据1959年《南极条约》第9条第1款在保护和养护南极生物资源所负的主要责任。此公约于1980年5月20日签订，1982年4月7日生效。尽管1980年《南极海洋生物资源养护公约》是由南极条约协商会议所公布，但是其缔约国却并不一定要成为1959年《南极条约》的缔约国。

（4）1988年《南极矿物资源活动管理公约》（The Convention on the Regulation of Antarctic Mineral Resource Activities）：1988年《南极矿物资源活动管理公约》于1988年6月2日签订。然而，公约签署后协商会议中的主导国，尤其是澳大利亚与法国，公开表示拒绝加入该公约。此外，国际环境非政府组织，如绿色和平，也

---

① SCAR website, About SCAR, http://www.scar.org/about (accessed 7 September 2018).
② Molenaar, E. J., "CCAMLR and Southern Ocean Fisheries", *The International Journal of Marine and Coastal Law*, Vol. 16, No. 3 (2001), p. 465.

开始对南极采矿活动进行示威。① 这些阻力导致在南极条约协商会议上无法就公约的生效达成一致意见。因此，学界普遍认为1988年《南极矿物资源活动管理公约》将会被无限期的搁置，甚至有可能永远不会生效。

（5）1991年《关于环境保护的南极条约议定书》（The Protocol on Environmental Protection to the Antarctic Treaty）：1988年《南极矿物资源活动管理公约》失败之后，许多缔约国提出南极条约体系急需出台一项修正案，使南极环境免受采矿和其它人类活动的破坏。② 1991年10月4日，在西班牙首都马德里（Madrid）举行的第11届第4次南极条约协商国特别会议，通过了1991年《关于环境保护的南极条约议定书》。该议定书于1992年10月3日生效。1991年《关于环境保护的南极条约议定书》第11条规定设立环境保护委员会，就议定书的执行向各缔约国提供咨询和专家建议，但该委员会并没有决策权。环境保护委员会是由1991年《关于环境保护的南极条约议定书》设立的机构，也是南极条约体系所设立的第二个组织机构。③

在此必须说明的是，尽管本文只讨论涉及南极条约体系的条约，但南极条约体系实际上包括历届南极条约协商会议所通过的大量措施、决定、决议等文件。④ 另外，南极条约体系主要决策和行政机构是"南极条约协

---

① Dodds, K., "Governing Antarctica: Contemporary Challenges and the Enduring Legacy of the 1959 Antarctic Treaty", *Global Policy*, Vol. 1, No. 1 (2010), p. 111.

② Loan, J., "The Common Heritage of Mankind in Antarctica: An Analysis in Light of the Threats Posed by Climate Change", *New Zealand Yearbook of International Law*, Vol. 1 (2004), p. 168.

③ ATS website, The Protocol on Environmental Protection to the Antarctic Treaty, http://www.ats.aq/e/ep.htm (accessed 7 September 2018).

④ Scott, K., "Institutional Developments within the Antarctic Treaty System", *International and Comparative Law Quarterly*, Vol. 52, No. 2 (2003), p. 474.

商会议"。南极条约协商会议的组成系由协商方（Consultative Parties）、非协商方（non-Consultative Parties）、三个观察员①以及受邀专家②所共同组成。其中只有协商方具有表决和通过权，其通过的文件包括涉及内部组织事务的决定（Decision）、不具法律拘束力的决议（Resolution），以及在所有协商方皆同意的前提下，所产出具有法律约束力的措施（Measure）。③

三、南海法律治理机制

（一）南海地区主权争议

南海争端本质上与南极相当，都是领土主权争端。目前直接涉入南海岛礁主权争端计有中国、中国台湾、越南、马来西亚、文莱及菲律宾的五国六方；另印度尼西亚主张专属经济区与我国断续线亦存在重叠问题。对于南海四沙群岛归属，中国与中国台湾皆宣称各自拥有南海四沙群岛全部且完整的主权，④另外越南、马来西亚、文莱及菲律宾宣称拥有部分主权。

南海除岛礁主权争端外亦有海域划界、航行自由、⑤ 历史性水域、南

---

① 三个观察员分别是"南极研究科学委员会"(Scientific Committee on Antarctic Research, SCAR)、"南极海洋生物资源养护委员会"(Commission for the Conservation of Antarctic Marine Living Resources, CCAMLR)以及"国家南极局局长理事会"(Council of Managers of National Antarctic Programs, COMNAP)。

② 受邀专家有来自"南极与南大洋联合会"(Antarctic and Southern Ocean Coalition, ASOC)以及"国际南极旅游业者协会"(International Association of Antarctica Tour Operators, IAATO)。

③ ATS website, ACTM, http://www.ats.aq/e/ats_meetings_atcm.htm (accessed 7 September 2018).

④ 南海四沙群岛中目前东沙群岛已由中国台湾长期且有效的控制，事实上并不存在争议。西沙群岛自1974年中国由越南手中收复并完全控制后，迄今已超过40年，除越南仍对中国持续提出抗议外，可说并不存在实质的争议。

⑤ 美国对南海岛屿主权冲突问题自里根政府以来所采取的态度与立场军事相当明确、简单，那就是对于南海岛屿主权归属问题不设定任何立场，但强调航行自由与安全，换言之即采取中立（neutrality）原则，强调南海岛屿争端必须以和平的方式解决。Robert A. Manning & James J. Przystup, "China Syndrome: Ambiguity," *The Washington Post* (March 19, 1995), at C4.

海断续线水域等法律问题,南海争端本质上更具问题多元性。以海域管辖权议题来看,1982年《联合国海洋法公约》(1982 United Nations Convention on the Law of the Sea, UNCLOS,以下简称《公约》)宗旨之一在于解决海域划界问题,然有关专属经济区及大陆架的规定却使南海争端更趋复杂,各争端方纷纷透过海域划界宣称主权权利,也因着专属经济区及大陆架的相互重叠,进而再度挑起此片海域的争端冲突。例如2009年5月6日马来西亚与越南依据《公约》第76条第8款规定,① 联合向联合国大陆架界限委员会提交200海里外大陆架延伸划界案所引发的争端就是一例。再者,有关航行自由、历史性水域、南海断续线水域法律性质等议题,虽然《公约》中第15部分规范争议性海域的处理方法,可透过谈判、调解与国际法庭等途径获致解决,然菲律宾却选择强制仲裁方式,并于2013年1月22日根据《公约》第287条与附件7规定于海牙常设仲裁庭单方的对中国提起南海仲裁案。② 2014年12月7日中国发布《中华人民共和国政府关于菲律宾共和国所提南海仲裁案管辖权问题的立场文件》(以下简称《立场文件》)以作为响应,重申中国对本案"不参与、不承认"之立场。③ 2016年7月12日裁决结果出炉,根据本案仲裁庭所发布的第11

---

① 1982年《联合国海洋法公约》第76条第8款表示200海里以外大陆架外界限的提交由沿海国为之,且大陆架界限委员会应就划界有关事项提出建议,原文如下:"从测算领海宽度的基线量起二百海里以外大陆架界限的情报应由沿海国提交根据附件二在公平地区代表制基础上成立的大陆架界限委员会。委员会应就有关划定大陆架外部界限的事项向沿海国提出建议,沿海国在这些建议的基础上划定的大陆架界限应有确定性和拘束力。"

② 第287条 程序的选择 1.一国在签署、批准或加入本公约时,或在其后任何时间,应有自由用书面声明的方式选择下列一个或一个以上方法,以解决有关本公约的解释或适用的争端:(a)按照附件六设立的国际海洋法法庭;(b)国际法院;(c)按照附件七组成的仲裁法庭;(d)按照附件八组成的处理其中所列的一类或一类以上争端的特别仲裁法庭。

③ The State Council, People's Republic of China website, "Position Paper of the Government of the People's Republic of China on the Matter of Jurisdiction in the South China Sea Arbitration Initiated by the Republic of the Philippines" (7 December 2014), http://english.gov.cn/archive/press_briefing/2014/12/07/content_281475020441708.htm (accessed 7 September 2018).

次新闻稿内容表示："……认为南沙群岛无一能够产生延伸的海洋区域。仲裁庭还认为南沙群岛不能够作为一个整体共同产生海洋区域……"① 藉此降格中国南海实占岛屿法律地位及削减中国于南海可主张海域权利。②

对于南海仲裁案裁决结果的公布，目前观察并未真正解决南海争端。根据中国外交部发言人陆慷于2016年7月12日的记者会上表示："……该仲裁庭的成立就不具有合法性，其越权审理并做出所谓的裁决是非法的、无效的。中方已多次阐明不接受、不参与仲裁案，不接受、不承认所谓裁决的坚定立场。……"③ 相反地，美国、日本与澳大利亚于2016年7月25日藉由第六届东盟峰会外长会议期间发表三方联合声明，呼吁中国与菲律宾应遵守仲裁结果。④ 如此争锋相对的立场凸显南海主权及海域争端问题短期内仍难获得解决。

（二）南海法律治理机制概述

1. 软法性质—区域论坛

当国际仲裁无从解决南海争端问题时，南海争端方对于问题的解决似乎只能重回谈判路线寻求区域内合作机制的建置。而相关南海谈判，事实上早在2002年11月4日，在柬埔寨金边举行的中国与东盟领导人会

---

① PCA Press Release, "The South China Sea Arbitration (The Republic of the Philippines V. The People's Republic of China)," The Hague, 12 July 2016, p. 2, https://pcacases.com/web/sendAttach/1801 (accessed 7 September 2018).

② 戴宗翰、姚仕帆："析论太平岛法律地位对南海仲裁案知影响"，《国际法研究》，2016年第4期，第11—12页。

③ "外交部发言人陆慷就日本外务大臣有关菲律宾南海仲裁案最终裁决表态答记者问"，取自中国外交部网站（2016年7月12日）http://www.mfa.gov.cn/nanhai/chn/fyrbt/t1380001.htm，（访问日期2018年9月7日）。

④ Ministry of Foreign Affairs of Japan, "Japan-United States-Australia Trilateral Strategic Dialogue Joint Statement" (July 25, 2016), http://www.mofa.go.jp/a_o/ocn/page3e_000514.html (accessed 7 September 2018).

议期间，中国就与东盟签署了《南海各方行为宣言》(Declaration on the Conduct of Parties in the South China Sea，以下简称《宣言》)，至此《宣言》已然成为各国与中国在南海争端事务上唯一相互承认之外交协商途径。① 随后2007年1月14日，菲律宾藉由在宿雾召开的"第10届东盟—中国高峰会"中，倡议争端国根据《宣言》第10点"希望有关各方重申制定南海行为准则将进一步促进本地区和平与稳定，并同意在各方协商一致的基础上，朝最终达成该目标而努力"来寻求通过具有法律拘束力之"南海行为准则"(Code of Conduct in the South China Sea，以下简称"准则")，为各国在南海地区的各种行为提供一个指导方针，亦对各国在南海的各项合作予以法理化及制度化。

若回顾《宣言》之所以可以达成共识，应归功于《宣言》的本质属于不具国际法拘束力的软法(soft law)性质；事实上，国际常设仲裁庭在2015年10月29日"菲诉中南海仲裁案"程序审查裁决中也确认《宣言》不存在具有法律拘束力的争端解决机制(DOC was not intended to be a legally binding agreement with respect to dispute resolution)。② 换言之，《宣言》框架谈判及其工作会议属于区域论坛的软法性质得以确立。鉴于软法协议具弹性，各国在没有法律拘束力的前提下，可以充分且自主性决定合作与否，在增加各国自主性决策空间的同时，软法协议的达成更为容易。

从国家实践上来看，基于《宣言》的框架谈判在法律本质上属不具法

---

① 落实《宣言》高官会议及2005年开始展开每年至少两次的"联合工作组会议"(ASEAN-China Joint Working Group on the Implementation of DOC, JWG on DOC)，为目前中国与周边国家在南海争端事务中，唯一签署且承认的官方协商途径。Masahiro Miyoshi, "China's U-Shaped Line" Claim in the South China Sea: Any Validity under International Law? *Ocean Development and International Law*, Vol. 23, No. 35 (2012), pp. 10-11.

② PCA, Republic of Philippine v. People's Republic of China Case, *Award on Jurisdiction and Admissibility* (29 October 2015), para. 217, p. 84, http://www.pcacases.com/web/sendAttach/1506 (Accessed September 7, 2018).

律拘束力的软法，因而此一"区域论坛"极具弹性机制，而成为现阶段复杂南海情势下，最能有效发挥其治理机制功能的途径。例如过去几年来，中国也积极寻求在南海外交上的突破，因此2015年10月19日至20日在中国成都举行落实《宣言》第十次高官会及第十五次联合工作组会议上，中国也展现十足诚意来与各方达成建立相关合作机制的共识，以降低相关国际舆论及外交压力。例如该次工作会议上，各缔约方除达成继续推进设立航行安全与搜救平台外，更延伸性的增加了"海洋科研与环保"与"打击海上跨国犯罪"两项工作。[1] 甚至在南海仲裁案后，2016年7月25日在老挝举行的中国-东盟外长会上，王毅部长就南海争端提出"四点愿景"，其中最重要的一点就是中国与东盟国家在不受到干扰的情况下，在2017年上半年前完成"准则"框架磋商。紧接着2016年8月15日至16日，中国与东盟国家在中国内蒙古满洲里市举行了落实《南海各方行为宣言》第13次高官会和第18次联合工作组会，会议上也通过了"中国与东盟国家应对海上紧急事态外交高官热线平台指导方针"和"中国与东盟国家关于在南海适用《海上意外相遇规则》"（The Code for Unplanned Encounters at Sea, CUES）的联合声明两份成果文件。[2]

综上，中国与东盟国家间在《宣言》框架下的"准则"磋商，集中于海上合作项目，其中尤以海上航行安全与联合搜救平台建立最具工作成

---

[1] Ministry of Foreign Affairs of PROC website, Tenth Senior Officials Meeting On the Implementation of the Declaration On the Conduct of the Parties In the South China Sea Held in Chengdu (October 20, 2015), http://www.fmprc.gov.cn/mfa_eng/wjbxw/t1307573.shtml (Accessed September 7, 2018).

[2] "落实《南海各方行为宣言》第13次高官会在中国满洲里举行"，取自中国外交部网站（2016年8月16日）http://www.mfa.gov.cn/nanhai/chn/wjbxw/t1389417.htm，（访问日期2018年9月7日）。

效，① 至于其它延伸性海上合作项目，以及其它领域的各种交流合作机制则持续磋商。② 而签署国为落实《宣言》框架内合作措施所展开的各项工作会议，以及依据落实《宣言》高官会议所制定的"落实《南海各方行为宣言》指导方针"，都再次证明《宣言》成为现阶段唯一实质处理南海争端事项的官方协商途径。

2. 全球法律治理机制

南海区域内岛礁主权争端国中，中国、越南、菲律宾、马来西亚、文莱都是《公约》批准国，③ 同时也是国际海事组织（International Maritime Organization, IMO）（以下简称IMO）的会员国。④ 换言之，南海地区沿海争端国都承认且接受《公约》以及IMO所订相关海事公约，属具有法律

---

① 2014年4月于泰国举行的第七次落实《宣言》高官会上，中国与东盟国家就"准则"具体方向达成建立联合海上搜救平台意向。另外，2014年11月中国总理李克强在东盟会上的发言中表示，中国与东盟国家已达成2项早期收获，包括中国同意在各国海事部门间建立海上联合搜救热线平台，以及中国同意在外交部门间建立应对海上紧急事态高官热线。有关海上搜救平台机制建立虽尚未达签署阶段，但却是目前"准则"磋商最具体的工作成果。"驻东盟大使杨秀萍在印度尼西亚《雅加达邮报》发表署名文章《中国—东盟关系的变与不变》"，取自中华人民共和国外交部网站，http://www.fmprc.gov.cn/web/dszlsjt_673036/t1219270.shtml，（访问日期2018年9月7日）。

② 2015年7月份天津第九次落实《宣言》高官会即初步讨论并形成了"重要和复杂问题清单"与"'准则'框架草案要素清单"两份文件，并授权联合工作组继续就此进行商讨。很快地，相关商讨具体方向即在2015年10月19日至20日在成都举行落实《宣言》第十次高官会及第十五次联合工作组会议上具体达成初步共识。有关海上合作项目除继续推进设立航行安全与搜救平台外，更延伸性的增加了"海洋科研与环保"与"打击海上跨国犯罪"两项工作，各缔约方亦达成尽快建立相关机制之共同意向。Ministry of Foreign Affairs of PROC, "Tenth Senior Officials Meeting On the Implementation of the Declaration On the Conduct of the Parties In the South China Sea Held in Chengdu" (October 20, 2015), http://www.fmprc.gov.cn/mfa_eng/wjbxw/t1307573.shtml (Accessed September 7, 2018).

③ 中国（1996年6月7日批准）、越南（1994年7月25日批准）、菲律宾（1984年5月8日批准）、马来西亚（1996年10月14日批准）、文莱（1996年11月5日批准）都已批准《公约》。UN Website, "Status of the United Nations Convention on the Law of the Sea," http://www.un.org/Depts/los/reference_files/status2018.pdf (Accessed September 7, 2018).

④ IMO Website, Member States, http://www.imo.org/en/About/Membership/Pages/MemberStates.aspx (Accessed September 7, 2018).

拘束力之全球治理机制。

（1）1982年《联合国海洋法公约》

《公约》赋予沿岸国主张"领海""毗连区""专属经济区"与"大陆架"等权利，同时规范船舶"航行权"（navigation rights）、自然资源开采权及海洋环境保护责任等，是一部完整规范从一国内水到公海的综合性海洋国际法。而《公约》作为"海洋宪法"尽管内容并未明确其究竟为"普通的"或是"特殊的"国际治理机制，但从《公约》的序言中所提出，希望在缔约各方之间"建立海洋法律秩序"之目的来观察，在概念上《公约》即符合国际海洋治理机制。① 因此在地理上南海主要系由海水所构成，且是所谓的"半闭海"（semi-enclosed seas）。② 第一，依据《公约》第123条规定，南海有关国家在此区域应相互进行合作，例如海洋生物资源、非生物资源、海洋科学研究与海洋环境等；第二，《公约》第118条也赋予南海各沿海国在生物资源养管方面的合作义务；第三，有关南海水域在专属经济区与大陆架重叠部分，依据《公约》第74条第3款与第83条第3款规定："有关各国应基于谅解与合作的精神，尽一切努力做出实际性的临时安排，并在此过渡期间内，不违害或阻碍最后协议的达成。这种安排应不妨害最后界限的划定。"也提供了南海重叠海域争端解决的法律基础；第四，《公约》附件2第4条规定，缔约沿海国划定大陆架200海里外部界限的相关规范也都适用南海周边国；第五，为落实《公约》的两份执行协议所制定《有关执行1982年联合国海洋法公约第11部分协议》（以下简称《第11

---

① Scott, S. V., "The LOS Convention as a Constitutional Regime for the Oceans," In Alex G. Oude Elferink edited, *Stability and Change in the Law of the Sea: The Role of the LOS Covention* (Boston: Martinus Nijhoff, 2005), p. 36.

② Jon M. Van Dye, "Regional Cooperation in the South China Sea and Arctic Ocean," in Gordon Houlden & Hong Nong edited, *Maritime Security Issues in the South China Sea and the Arctic: Sharpened Competition or Collaboration?* part IV (China: China Democracy and Legal System Publishing House, 2012).

部分深海采矿执行协议》)（Agreement relating to the Implementation of Part XI of the United Nations Convention on the Law of the Sea of 10 December 1982, Part XI Deep-Sea Mining Agreement）① 以及《有关养护和管理跨界鱼类种群和高度洄游鱼类种群规定之执行协议》(以下简称《鱼种执行协议》)（Agreement for the Implementation of the Provisions of the United Nations Convention on the Law of the Sea of 10 December 1982relating to the Conservation and Management of Straddling Fish Stocks and Highly Migratory Fish Stocks, Fish Stock Agreement）也同样适用于南海水域。② 上述法律规范无疑反映出《公约》此一全球法律治理机制即典型的适用于南海地区。

（2）IMO及其相关海事公约

自1959年IMO成立以来，目前已是一个具有高达172个会员国及3个副会员的全球性国际组织，③ 截至2016年止，已经通过维护海上保安、安全、防治海上污染及管理等相关事项的53个公约和议定书，更有高达800多个规则及建议书。④ 会员国自然有义务遵守IMO所订定海上航行之公约。尤其是IMO所订立的《IMO成员国审核机制》(IMO Member State Audit Scheme, IMSAS）已从2016年1月1日起强制实施。该审核机制的目的是为了确保IMO所主导订定具法律拘束力的条约文件有被成员国充分履

---

① 《第11部分深海采矿执行协议》全文可参阅联合国网站：http://www.un.org/Depts/los/convention_agreements/convention_overview_part_xi.htm (Accessed September 7, 2018).

② 《鱼种执行协议》全文可参阅联合国网站：http://www.un.org/Depts/los/convention_agreements/convention_20years/1995FishStockAgreement_ATahindro.pdf (Accessed September 7, 2018).

③ IMO website, Member States, IGOs and NGOs, http://www.imo.org/en/About/Membership/Pages/Default.aspx (Accessed September 7, 2018).

④ 相關公約及議定書名稱可參閱連結，http://www.imo.org/en/About/Conventions/ListOfConventions/Documents/Convention%20titles%202016.pdf, available at *IMO* Website, (Accessed September 7, 2018).

行。① 此意味着南海沿海国在《IMO成员国审核机制》审核范围内，必须切实遵守《海上人命安全国际公约》（1974 International Convention for the Safety of Life at Sea, SOLAS）及其1988年议定书、《防止船舶污染国际公约》（1973/1978, Prevention of Pollution form Ship, MARPOL）、《航海训练、发证与当值标准》（1978 Standards of Training, Certification and Watch-Keeping for Seafarers, STCW）、《国际载重限公约》（1966 International Convention on Load Lines, LL 66）及其1988年议定书、《船舶吨位丈量国际公约》（1969 International Convention on Tonnage Measurement of Ships, Tonnage 1969）、《防止船舶碰撞规则国际公约》（1972 International Regulation for Preventing Collision at Sea, COLREG）等具法律拘束力公约规范。②

四、争端区域法律治理机制的比较

南极与南海同时皆面对主权争议，南极治理机制成功地将军事及主权争议暂时搁置以谋求地区合作。南极地区治理机制采取的是"硬法"（hard law）的模式，在1959年《南极条约》的主导之下，南极条约体系成为南极地区治理的主要法律框架。1959年《南极条约》成功冻结了各国在南极提出新的主权主张，维持了该地为"和平区"的现状，有利于各国在南极开展国际合作科学研究，但不可否认的是，在环境保护与自然资源方面，南极条约体系却显得十分无力。因此，南极条约协商国又签订了五个相关条约以对该地区的环境保护和自然资源管理问题进行规定。

---

① IMO Resolution A.1068 (28), "Transition from the Voluntary IMO Member State Audit Scheme to the IMO Member State Audit Scheme".

② IMO website, Member State Audit Scheme & Implementation Support, http://www.imo.org/en/OurWork/MSAS/Pages/default.aspx (Accessed September 7, 2018).

"硬法"是一种强而有力的措施,强调国家的信誉与承诺,缔约国可依其自由裁量权运用策略以达成条约义务。然,由于国家之间协议的达成是一个漫长而艰苦的过程,因此其成本也较高。南海地区的全球法律治理机制也是硬法性质,纵使南海地区具有主权争议的五国都是《公约》批准国,同时也是IMO的成员国,此类全球法律治理机制虽具有法律拘束力,但却普遍缺乏强制力或是监管机制,导致争端国在国际政治利益考虑下难以采取高道德标准来自愿性的遵循相关规范。因此本文认为南海在现阶段各国如此冲突且缺乏政治互信的前提下,仿照南极模式来建制一套专属南海地区的法律建制是不切实际的。与之相对,"软法"(soft law)为国际法主体所推崇的原因在于其解决紧急问题的灵活性与便捷性。与硬法相比,软法协议的达成更为容易,尤其在"价值观不同、力量对比不均衡"的国家之间,软法措施更便于国家之间的有效协调。① 这也说明了由于《宣言》的框架谈判在法律本质上属不具法律拘束力的软法,因而此一"区域论坛"成为现阶段复杂南海情势下,最能有效发挥其治理机制功能的途径。

五、启示

尽管南极与南海地区一样存在着主权争端和军事潜在冲突,但是南极地区国家仍然能够进行实际合作。从国际关系视角观察,南极与南海在争端根源以及争端性质上存在诸多不同处,本质上似乎缺乏比较的基础,但若从区域争端法律治理机制的视角观察,南极法律治理机制的实践也为未来南海治理机制提供了有益的借鉴。展望未来,南海争端并非无解,只是不论采取软法还是硬法的治理机制,第一步都是需要将军事或主权争端暂

---

① Kao, S.-M., N. Pearre, and J. Firestone, "Regional Cooperation in the South China Sea: Analysis of Existing Practices and Prospects," *Ocean Development and International Law*, Vol. 43, No. 3 (2012), p. 285.

时搁置以凝聚合作共识。第二步则是回归《宣言》精神，让软法性质的区域论坛成为争端国家凝聚海上务实合作的平台，在《宣言》框架下再持续推进"准则"磋商，具体细化并落实低敏感性海事合作议题。中国与东盟目前已经形成第一份"准则"框架草案，这无疑是正确的道路也符合相关学术理据。展望更远的未来，"准则"适用的法律空间效力问题，争议海域渔捕以及执法等敏感性议题仍会一一浮出。因此第三步借南极治理机制的成功经验，"和平示范区"的建立将提供主权及管辖权争议暂时无解下的过渡性安排。第四步则待相关海上务实合作逐一开展后，为提升南海治理机制的效率与包容性，可思考在《宣言》框架下设置南海地区"跨政府间高阶论坛"的国际组织，让南海治理机制能更有序的步上和平道路。

（一）搁置争议进行合作

南极的地区实践再次证明了暂时搁置争议，在海洋环境和资源共享以及科学研究方面开展地区合作是可行的。以南海来说，未来不论采取软法还是硬法的治理机制，前提都是需要将军事或主权争端暂时搁置，解决其它低敏感性且紧迫的问题，特别是海洋环境保护、海上救难和科学研究方面的议题。

（二）回归《宣言》精神，推进"准则"谈判

为搁置领土主权争端和军事冲突，周边所有国家首先需要签订一个共同协定，无论是软法形式的宣言或是硬法形式的公约。其它问题则透过条约框架之下附属的决议、议定书或准则等法律文件来进行解决。例如1959年《南极条约》第4条中规定"冻结对南极的一切主权要求"，其它环境保护与自然资源问题则在《南极条约》框架下，透过南极条约协商国又签订了四个相关条约以完备南极条约体系。

在南海问题上,中国与东盟于2002年签署的《宣言》虽未提出"暂时冻结所有对南海的主权要求,并禁止提出新的主权主张",但是整个《宣言》第2点所秉持和平相互尊重基础;第3点遵守包括《公约》在内的国际原则,以及第4点和平解决领土管辖权争议。这些《宣言》所揭示的精神不谛为降低冲突传递合作的友好精神,因此《宣言》即为各国与中国在南海争端事务上唯一相互承认之外交协商途径,南海各争端国首应回归《宣言》精神,进而根据《宣言》第10点,在《宣言》框架下推进"准则"磋商才是回归正轨。

事实上,早于2013年8月中国外长王毅即对外阐述:"中国与东盟各国已同意在落实《南海各方行为宣言》框架下探讨推进《南海行为准则》进程";王毅又言:"'南海行为准则'不能取代《南海各方行为宣言》,更不能撇开《南海各方行为宣言》另搞一套。"[①] 这都再次说明了过去一些域外国家往往希望藉由其它多边平台,例如东盟区域论坛(Association of Southeast Asia Nations, ASEAN)或东亚峰会(East Asia Summit)来处理南海议题,甚至2013年菲国透过单方强制仲裁来处理南海争议,这些不但在根本上违背了《宣言》精神,最终结果也是治丝益棼。伴随着2017年以来"准则"进入高密度磋商期,2017年3月8日中国外交部长王毅更明确表示:"南海行为准则框架第一份草案已经形成"[②] 2017年8月6日,在菲律宾马尼拉举行的东盟系列外长会议上,我国外长与东盟各国外长正式签署《关于建立中国—东盟中心的谅解备忘录》修订版,双方就"准则"框架达成一致。2017年11月13日的中国—东盟领导人会议上,各国

---

① 《王毅:南海行为准则速成论不现实》,《网易财经网》,2013年8月6日,http://money.163.com/13/0806/06/95IUTFQ600253B0H.html,(访问日期2018年9月7日)。

② 《王毅:南海行为准则框架第一份草案已形成》,《中青在线》,2017年3月8日,http://news.cyol.com/content/2017-03/08/content_15722172.htm,(访问日期2018年9月7日)。

领导人也正式宣布启动"准则"案文磋商。① 2018年2月底在越南召开的第23次中国—东盟落实《宣言》高官会,这是中国—东盟领导人层面上认可"框架"并同意正式协商"准则"案文之后的第一次会议。2018年东盟轮值主席国为新加坡,其作为东盟对华关系协调国,在推动"准则"磋商上采取积极态度。② 2018年8月,中国与东盟各国就"准则"单一磋商文本草案达成一致,"准则"磋商取得实质性进展。此一回归《宣言》精神,推进"准则"谈判立场恰好符合南海治理机制中"区域论坛"的主要功能。

(三)和平示范区

在处理海洋资源养护议题上,"南极生物资源养护委员会"分别在2010年成立南奥克尼海洋保护区,以及2016年成立罗斯海海洋保护区。当前南海"区域论坛"的发展还在凝聚各争端方政治共识的初步阶段,"准则"框架草案虽有早期收获但仍在进行磋商,目前集中于海上合作项目,其中尤以海上航行安全与联合搜救平台建立最具工作成效,至于其它延伸性海上合作项目,如"海洋科研与环保""打击海上跨国犯罪"以及其他领域的各种交流合作机制,则持续磋商。

未来在南海相关海事合作议题上,"准则"适用的法律空间效力问题,以及是否可能划定一些合作区块作为"和平示范区"将是中国及东盟国家后续的挑战。而根据《公约》第74条第3款及83条第3款有关临时安排(provisional arrangement)的规定,也已经提供了相应的法律基础,明确规范未来在南海地区倘建置相关低敏感性的"海洋科研与环保"和平示范

---

① 戴宗翰:《南海争端和平解决的途径—法律治理机制的现况、困境与未来分析视角》,《海南大学学报—人文社版》,第36卷第2期(2018年3月),第37页。

② VOV website, ASEAN Joint Consultative Meeting held in Singapore, (March 9, 2018), https://english.vov.vn/politics/asean-joint-consultative-meeting-held-in-singapore-370068.vov (Accessed September 7, 2018).

区，则相关安排不妨碍各国最后主权及海域划界的主张。以此解决主权争议暂时无解下的过渡性安排。

（四）跨政府间高阶论坛

以长远的角度来看，无论是软法或是硬法机制下，一个全面性的机构设立对于地区治理机制效率的提升将是极为必要的。南极条约体系主要决策和行政机构是"南极条约协商会议"。南极条约协商会议的组成系由协商方、非协商方、三个观察员以及受邀专家所共同组成的跨政府机构。而协商方是指在该地区建立了科考站或是开展了实质科学考察活动的国家，因此只有协商方具有表决和通过权。

由于《宣言》框架下的谈判仍在初始阶段，在《宣言》框架下设置南海地区"跨政府间高阶论坛"的国际组织则时机未到，故也从未被提出。然，中国不妨思考在东盟系列会议上先推动建立航行安全与搜救、海洋科研与环保和打击海上跨国犯罪三个技术委员会的有效运作。待东盟各国开始有合作意向与行动后，较远的未来可再进一步思考于南海地区设立"跨政府间高阶论坛"的国际合作机构，以提升南海海洋环境保护及航行安全等治理机制的效率。同时考虑跨政府间高阶论坛的包容性，仿照"南极条约协商会议"模式可设计成仅有南海周边国家拥有投票权和表决权，而其它国家只能以观察员的身份参与，不具有决策权。

条约解释视阈下的《联合国海洋法公约》整体性问题探析——兼评菲律宾南海仲裁案

丁 铎[①]

|摘 要| 在国际条约的解释过程中,整体性原则要求从条款、条约等不同维度上的整体性出发来解释和把握具体条款。《联合国海洋法公约》的整体性维系了缔约国之间的利益及权利义务的平衡,其既体现在《公约》制定过程中的协商一致和一揽子交易,也体现于《公约》争端解决机制的设计思路之中。在菲律宾南海仲裁案中,仲裁庭无视《公约》整体性而进行扩张管辖权、司法造法的做法不符合《公约》的目的和宗旨,不符合国际法院和法庭的一般法理,危害《公约》的整体性。

|关键词| 《公约》整体性 一揽子交易 条约解释 争端解决机制

---

① 丁铎,中国南海研究院海洋法律与政策研究所助理研究员,韩国延世大学法学研究院兼职研究员。

本文为国家社会科学基金项目"21世纪'海上丝绸之路'建设与南海战略研究"(批文号:14ZDA078)阶段性研究成果。文中主张为作者学术观点,不代表任何机构意见。作者感谢中国南海研究院院长吴士存提供的支持,感谢中国南海研究院海洋法律与政策研究所所长、中美研究中心(Institute for China-America Studies, ICAS)执行主任洪农研究员和宁波大学法学院曲波教授提供的宝贵建议,感谢中国—东南亚南海研究中心(China-Southeast Asia Research Center on South China Sea, CSARC)助理研究员钟卉提供的帮助。文中出现错漏之处,责任由作者承担。

一、引言

在国际条约的解释过程中,整体性作为一项原则,要求从条款、条约乃至国际法体系等不同维度上的整体性出发来解释和把握具体条款。整体性原则要求在解释条约时应将其作为一个内外统一、前后相继的整体并以此为起点对条约条款的含义进行澄清和说明,这样的过程在条约没有约定特殊意义的情况下有利于条约解释结果的合法性与合理性,其形成能够与条约目的相合。任一条约都是由约名、约首、约文、约尾组成的统一整体,约文的各部分、各条款是相对独立的统一整体。约文的系统性决定了条约上下文之间的有机联系和相互作用,条约整体与个别条款的目的与宗旨之间有序运转。这些条约子系统间的相互联系、作用以及条约整体与条约子系统之间的相互联系不可分割的特性共同构成条约内部的整体性。

《联合国海洋法公约》(以下简称《公约》)构成了当今海洋法的重要组成部分。在一定程度上,《公约》的整体性维系了缔约国之间的利益及权利义务的平衡。《公约》前言明确规定:本着解决与海洋法有关的一切问题的愿望,各海洋区域的种种问题彼此密切相关,有必要作为一个整体来加以考虑,《公约》旨在建构具有综合性、统一性和全球性的海洋法律秩序。[①]《公约》在结构上以综合性为主要特征,[②] 尽量涉及所有海洋相关事项,为海洋法提供综合性的规范。《公约》在文本上包括了320个条款及9个附件合计448项规定的整体,是不允许做出保留的一揽子交易,以

---

① See Alan Boyle, Further Development of the Law of the Sea Convention: Mechanisms for Change, *International and Comparative Law Quarterly* 54, 2005, p.563.

② See Philip Allott, Power sharing in the Law of the Sea, *American Journal of International Law* 77, 1983, p.8.

争取尽可能多的国家参与和达成各种观点的协商一致。

明确《公约》整体性对于条约解释具有重要意义。一方面，国际司法与仲裁机构在对《公约》用语进行解释时，应当将其作为一个整体，强调依照《公约》序言、各章节、条、款、项等前后之间的有机联系来解释，而不是仅仅将关注点集中在其中某一个孤立的条款上而导致"断章取义"。按照条约解释的整体性原则，《公约》内部整体性的诸要素如通常意义、目的与宗旨、嗣后协定与惯例、因缔结《公约》所订之文书或协定等都应该置于待解释事项所处的整体上下文中加以考虑。另一方面，《公约》条款并未设想到每一个可能产生的问题，也没有解决这些条款预设的每一个问题。《公约》并非是一个穷尽所有海洋权利义务事项的规则供给体系。在《公约》之外，联系包括习惯国际法在内的一般国际法对《公约》条款进行解释也十分必要。应当认识到，《公约》用语有其特定的语境，《公约》整体在国际海洋法体系中也有其所处的位置，其调整对象或存在于一定的条约集合之中，或被包括习惯国际法在内的一般国际法所统摄，这些在解释条约时都应予以考量。

二、《公约》整体性的表现

规范上的整体性（Normative integration）是指《公约》规定应作为一种规则体系的部分予以理解，个体规则的含义和适用应考虑相关规则。[①]《公约》的整体性在第三次联合国海洋法大会的谈判过程得到彰显，与之前海洋法国际谈判的参与方数量有限相比，第三次联合国海洋法大会希望

---

① See Richard Barnes, The Law of the Sea Convention and the Integrated Regulation of the Oceans, *The International Journal of Marine and Coastal Law* 27, 2012, p.860.

实现国家的普遍参与,①以尽可能地实现范围的综合性和参与的普遍性。②为此,协商一致和一揽子交易成为《公约》谈判的主要程序和规则。③《公约》的谈判是一个复杂的过程,在重要规定的达成中都贯彻了协商一致规则。④

(一)《公约》整体性体现为协商一致和一揽子交易

自1946年以来协商一致规则逐渐在联合国会议上得到使用,其要义是就一项主题事项达成一般协议,持有反对意见或不愿全部支持的谈判者仍然允许其通过,而没有提出正式反对,也没有诉诸投票表决。⑤在1974年举行的加拉斯加会议上,参与《公约》谈判的国家通过了谈判的程序规则及君子协定,协商一致和一揽子交易成为谈判程序的一部分。⑥君子协定中特别指出:"为铭记各海洋区域的种种问题彼此密切相关,有必要作为一个整体来加以考虑;期待通过一部获得最广泛可能接受的海洋法《公约》,本大会(第三次联合国海洋法大会)应竭尽所能,以协商一致方式

---

① See D. H. Anderson, Legal Implications of the Entry into Force of The UN Convention on the Law of the Sea, *International and Comparative Law Quarterly* 44, 1995, pp.313-326.

② See Alan Boyle, Further Development of the Law of the Sea Convention: Mechanisms for Change, *International and Comparative Law Quarterly* 54, 2005, pp.563-584.

③ See B. Buzan, Negotiating by Consensus: Developments in Technique at the UN Conference on the Law of the Sea, *American Journal of International Law* 75, 1981, p.324, H Caminos and M. Molitor, Progressive Development of International Law and the Package Deal, *American Journal of International Law* 79, 1985, p.71.

④ See Myron H. Nordquist(eds.), *United Nations Convention on the Law of the Sea 1982: A Commentary*, Vol.1, Martinus Nijhoff Publishers,1985, p.12&15.

⑤ See Vignes, Will the Third Conference on the Law of the Sea Work According to Consensus Rules, *American Journal of International Law* 69, 1975, p.119, Tullio Treves, Devices To Facilitate Consensus: The Experience Of the Law of the Sea Conference, *Italian Year Book of International Law* 2, 1976, p.39, see also Buzan, Negotiating by Consensus: Developments in Technique at the United Nations Conference on the Law of the Sea, *American Journal of International Law* 75, 1981, p. 324.

⑥ See U.N. Doc. A/CONF.62/30, 1974.

就实质事项达成协定；在用尽所有实现协商一致的努力之前，不得就实质事项进行投票表决。"[1]

第三次联合国海洋法大会不仅遵循了协商一致规则，自1975年以后，还呈现出积极协商一致的趋势。[2] 大会和三个主要委员会的主席动议性地提出了非正式的谈判文本，[3] 并有效地使利益攸关国家在围绕文本的协商一致过程中有义务提出各自立场。第三次海洋会议上所言的一揽子交易是指包括一系列事项的交易，不利或有利的条目都必须作为整体予以接受。[4] 这一过程必然包含了交换（trade-off）与协调，这其中既有一些小的一揽子交易（mini-packages）以及在功能上不相关的问题上达成交换，也包括最终形成的一揽子整体交易。[5] 第三次海洋会议上所言的协商一致规则要求尊重和顾及每个参与《公约》谈判国家的主权，避免强行投票有助于达成更广泛的一致，目的是满足最多可能数量参加者的最低要求。[6] 协商一致和一揽子交易相互补充，促进了《公约》的综合性和广泛性，并为后来的其他国际谈判和国际组织所效仿。从《公约》谈判的结果看，在协商一致和一揽子交易的交换过程中，最终达成的必然是妥协。

---

[1] See A/PV.2169, 1973, pp. 17-20.

[2] See G. Plant, The Third United Nations Conference on The Law of The Sea and The Preparatory Commission: Models for United Nations Law-Making, *International and Comparative Law Quarterly* 36, 1987, pp.525-558.

[3] See A/Conf. 62, the Informal Single Negotiating Texts (ISNT), WP.8, WP.9 and WP.9/ Rev.1, the Revised Single Negotiating Texts, WP.8/Rev.1 and WP.9/Rev.2, the Informal Composite Negotiating Text, WP.10, WP.10/Rev.1 and WP.10/Rev.2, WP.10/Rev.3 and the Draft Convention, L.78.

[4] See G. Plant, The Third United Nations Conference on The Law of The Sea and The Preparatory Commission: Models for United Nations Law-Making, *International and Comparative Law Quarterly* 36, 1987, pp.525-558.

[5] See Myron H. Nordquist(eds.), *United Nations Convention on the Law of the Sea 1982: A Commentary*, Vol.I, Martinus Nijhoff Publishers,1985, p.12&15.

[6] See Koh and Jayakumar, The Negotiating Process of the Third UNCLOS, in *UNCLOS 1982: A Commentary*, Centre for Oceans Law and Policy, University of Virginia, 1985, p.40.

联合国第三次海洋法会议达成的《公约》，只是缔约国之间的最小公分母。协商一致的使用和复杂的交换，使《公约》本文的平衡十分微妙，难以将一揽子交易和最终达成的《公约》文本分开。① 在许多情况下，《公约》的谈判过程是寻求中间道路或衡平的解决方案，而不是契约式的交易。正如参与谈判的美国代表团团长马龙（James L. Malone）大使在1982年指出："《公约》的许多条款，诸如处理航行、飞越、大陆架、海洋研究和环境以及其他领域的条款，基本上是建设性的和体现了国际共同体的利益。诚然，《公约》并不完美，而的确是艰难谈判和合理妥协的产物。"②

《公约》力图实现所有参与国家利益及其权利义务的平衡。更广泛地说，海洋法谋求沿海国和其他国家海洋权利和利益以及海洋共同体利益的平衡，为各种海域的开发、利用和管理提供法律框架。权利和义务的平衡及总体公平性是《公约》的本质要素。③ 协商一致规则致力于主权平等和利益攸关国家的相对权重之间的平衡。一揽子交易意在将《公约》作为整体予以接受。作为一揽子交易，《公约》的不同规定反映了不同国家的利益和偏好以及其相互交换做出的妥协，最终形成了缔约国之间的微妙平衡。需要指出的是，若缔约国对《公约》的部分条款做出保留，无疑将损害这种建立在交换和妥协基础上的平衡，而这正是《公约》第309条禁止保留的本意。④ 第三次海洋法联合国会议主席许通美（Tommy Koh）大使曾指出："《公约》的规定密切相关并构成了不可分割的一揽子协议，因此

---

① See G. Plant, 36 *International and Comparative Law Quarterly* 525, 1987, p. 540.
② See James L. Malone, The Sea after UNCLOS III, *Law & Contemp. Probs.* 46, 1983, p.30.
③ See Yoshifumi Tanaka, *The International Law of the Sea*, Cambridge: Cambridge University Press, 2012, p.31.
④ 根据《公约》第309条保留和例外的规定，除非《公约》其他条款明示许可，对《公约》不得作出保留或例外。

不允许国家取其所好而弃其所恶。换言之权利和义务相辅相成，不允许根据《公约》主张权利而不愿肩负相应的义务。"①

（二）《公约》的整体性体现于争端解决机制的设计思路

和平解决争端是《公约》的目的和宗旨之一，《公约》前言规定："本《公约》缔约各国，相信在本《公约》中所达成的海洋法的编纂和逐渐发展，将有助于……巩固各国间……的和平、安全、合作和友好关系。"《公约》第279条明确规定，缔约国应按照《联合国宪章》第2条第3项以和平方法解决它们之间有关《公约》的解释或适用的任何争端。为此，以《公约》第十五部分及《公约》相关附件为法律基础形成了海洋法争端解决机制。

一方面，以缔约国自愿选择争端解决方法为主、以强制性争端解决程序为补充，《公约》争端解决机制特别赋予了缔约国选择和平解决争端方法的灵活性。《公约》第十五部分及四个相关附件，规定了广泛的争端解决方法，特别包括缔约国通过协议所选择的任何解决争端的和平方法等。《公约》特别赋予了缔约国选择和平解决争端方法的灵活性。根据《公约》第286条的规定，《公约》第十五部分第一节作为和平解决争端的一般规定，是启动第二节强制性程序的先决条件。根据《公约》第十五部分第一节的规定，缔约国可以于任何时候协议用自行选择的任何和平方法解决争端，只有在诉诸这种方法而仍未得到解决以及争端各方间的协议并不排除任何其他程序的情形下，才适用第二节所规定的强制性程序。

正是为了保证《公约》的整体性，第二节作为第一节的补充，为导向有约束力的争端解决提供了依据。但需要认识到的是，第二节的强制性程

---

① See Koh and Jayakumar, The Negotiating Process of the Third UNCLOS, in *UNCLOS 1982: A Commentary*, Centre for Oceans Law and Policy, University of Virginia, 1985, p.40.

序是第一节的"剩余规定"。①《公约》争端解决程序的主要设计者路易斯·宋（Louis B. Sohn）教授揭示了其初衷，即海洋法争端解决机制是一种"使用者友好型"的机制。如果两国间存在海洋法问题，在其可能损害两国友好关系之前，它们可以选择任何适当的争端解决方法，包括超出《公约》所规定程序之外的其他方法和机制。② 实际上，与《公约》争端解决有关的缔约准备文件表明，其根本目标是通过足够灵活地允许《公约》缔约国选择有效的非强制争端解决方法来确立和平解决海洋法争端的机制。③ 就一个被缔约国所能接受的综合性争端解决机制而言，这可以说是必要的成本。④

另一方面，在强制性程序方面的管辖权是有限的，应当慎重确定其边界。《公约》第十五部分第三节的规定，是适用第二节所规定强制性程序的限制和例外。这主要体现为《公约》第288条对《公约》属事管辖权的固有限制，以及《公约》第298条、第297条的管辖权声明排除和例外规定。依据《公约》第十五部分建立的第三方争端强制解决机制的权限限于《公约》的解释和适用，此种限制是《公约》第十五部分争端解决机制强制义务性的一种对应和事实上的平衡。任何企图超出第288条规定的范围而扩大第三方强制机制的管辖权，都不符合《公约》争端解决机制的基础法理。这有违第三次联合国海洋法会议所达成的理解，即《公约》的争端

---

① See *Case concerning Maritime Delimitation in the Indian Ocean (Somalia v. Kenya)*, Preliminary Objections, Judgement, ICJ Reports 2017, p.17, para.125.

② See Louis B. Sohn, Settlement of Law of the Sea Disputes, (1995) 10 *International Journal of Marine & Coastal Law*, p.206.

③ See A. O. Adede, *The System for Settlement of Disputes under the United Nations Convention on the Law of the Sea*, Dordrecht: Martinus Nijhoff, 1987, p.89.

④ See D. H. Anderson, Legal Implications of the Entry into Force of The UN Convention on the Law of the Sea, *International and Comparative Law Quarterly* 44, 1995, pp.313-326.

解决机制在所涉范围内将是强制而有限的。①

事实上，在解决有关《公约》解释或适用的争端时，应立足于定纷止争，实现《公约》和平解决争端、促进国家间友好合作关系的目标。要实现上述目标，关键是要善意、全面、完整地解释和适用《公约》关于争端解决机制的规定。②海洋法争端解决机制的目的和宗旨正在于，以符合《公约》的方式对《公约》进行恰当的解释和适用，有效解决《公约》缔约国之间的争端，为以《公约》为基础的海洋法秩序提供稳定性、确定性和可预见性。③

《公约》关于争端解决的规定旨在为确定《公约》解释和适用有关的问题提供机制保障，这也有助于维系《公约》一揽子交易所达成妥协的整体性。④正如在第三次联合国海洋法会议首任主席阿梅拉辛格在其会议备忘录所述："有效的争端解决程序，对于稳定和维系达成《公约》所必须的妥协至关重要，⑤争端解决程序的主旨在于妥协的微妙均衡应当予以平衡，否则所达成的妥协将迅速和永远分解。有效的争端解决也能提供保障，使《公约》的立法性措词范围内的内容和意图得以一致和公平的解释。"⑥

从"解释之补充资料"来看，1974年加拉斯加会议关于争端解决的文

---

① See *the Ara Libertad Case (Argentina v Ghana)*, *Request for the Prescription of Provisional Measures*, Order of 15 December 2012, Joint Separate Opinion of Judge Wolfrum and Judge Cot, ITLOS, para.6.

② 参见中国国际法学会：《菲律宾所提南海仲裁案仲裁庭的裁决没有法律效力》，2016年6月10日。

③ See Louis B. Sohn, Peaceful Settlement of Disputes in Ocean Conflicts: Does UNCLOS III Point the Way, *Law & Contemp. Probs.* 46, 1983, p.195.

④ See John E. Noyes, The International Tribunal for the Law of the Sea, 32 *Cornell International Law Journal* 109, 1999, p.115.

⑤ See Memorandum by the President of the Conference on Document A/CONF.62/WP.9, U.N. Doc. A/CONF.62/WP.9/Add.1 (1976), para.6.

⑥ See Memorandum by the President of the Conference on Document A/CONF.62/WP.9, U.N. Doc. A/CONF.62/WP.9/Add.1, 1976, para.6.

件，概述了四个基本理念。第一，为了避免政治和经济压力，需要以法律为基础的有效争端解决方法。第二，在《公约》的解释方面期待实现最大可能程度的统一性。第三，鉴于义务性争端解决的优点，确定例外应当慎重。第四，争端解决机制应构成《公约》不可分割的一部分。①路易斯·宋（Louis B. Sohn）指出："海洋法争端解决机制旨在以有效的方式解决有关解释的争端，为《公约》文本提供稳定性、确定性和可预见性。②为了保证《公约》多年缔约工作的整体性，就未来可能发生的《公约》解释和适用而言，在《公约》中纳入争端解决条款具有重要意义。"③

值得注意的是，自2006年以来海洋法争端解决机制管辖权的激进扩权和慎重限权逐渐成为海洋法争端解决领域争议的焦点。④激进扩权一方的主要策略是对第298条进行反向解释，认为对于没有提出声明排除的缔约国可以处理领土主权问题。在《公约》缔约国中，迄今总共有34个国家做出了根据《公约》第298条或第297条的管辖权声明，其中17个国家总体排除了《公约》第298条第1款第1、2、3项的争端，27个国家排除了《公约》第298第1款第1项的争端，30个国家对海洋划界争端做出了《公约》第298条的声明，此外6个国家的声明排除了第287条规定的某些争端。⑤

---

① See A.O.Adede, *The System for Settlement of Disputes under the United Nations Convention on the Law of the Sea*, Dordrecht: Martinus Nijhoff, 1987, p.39.

② See Louis B. Sohn, Peaceful Settlement of Disputes in Ocean Conflicts: Does UNCLOS III Point The Way, (1983) 46 *Law & Contemp. Probs.*, p.195.

③ See Louis B. Sohn, Settlement of Law of the Sea Disputes, *International Journal of Marine & Coastal Law* 10, 1995, p.205.

④ See Irina Buga, Territorial Sovereignty Issues in Maritime Disputes: a Jurisdictional Dilemma for Law of the Sea Tribunals, *International Journal of Marine & Coastal Law* 27, 2012, pp.59-95.

⑤ See Donald R. Rothwell, Land and Maritime Disputes and UNCLOS, in *Public International Law Colloquium on Maritime Disputes Settlement*, Hong Kong: Chinese Society of Internatonal Law, 2016, pp.48-49.

（三）《公约》整体性不能等同于规范事项的全面性

如上所述，《公约》的整体性体现为不可分割的各种妥协构成的一揽子交易，但《公约》对整体性的彰显并不意味着《公约》在规范事项上具有全面性和周延性，认为《公约》无所不包、无所不能只是一种幻象。《公约》第309条规定：

>第三零九条　保留和例外
>
>除非本《公约》其他条款明示许可，对本《公约》不得作出保留或例外。①

第309条标题和内容均反映出该条属于条约保留与例外的条款。尽管《公约》是由一系列妥协和诸多一揽子协议（a series of compromises and many packages）构成，但它们组成了一个不可分割的整体（an integral whole），这就是为什么《公约》不允许保留的原因。②换言之，第309条的目的是维护《公约》规则自身的完整性，而并非为了"解决与海洋法有关的一切问题"。事实上，《公约》规则的整体性与《公约》规制范围的周延性是不同的概念范畴。保留的目的体现在免除保留提出方根据条约的某些条款所应承担的义务，并非排除这些规定的本身。③禁止保留的条款旨在维护条约规则的整体性，若条约中存在不允许缔约国作出保留之条款（如《公约》第309条），则从该条款中仅能推导出条约缔约国的意

---

① 《联合国海洋法公约》第三零九条。

② See Doc. A/CONF.62/SR.185, *Third United Nations Conference on the Law of the Sea*, Volume XVII, 185th plenary meeting, Statement by the President, p.14, para.53.

③ 参见[英]詹宁斯、瓦茨修订：《奥本海国际法》（第一卷第二分册），王铁崖等译，中国大百科全书出版社，1998年版，第648页，第614目。

图在于使条约之所有条款得到缔约国全面遵守,并不能由此得出条约缔约国的意图在于使该条约成为处理相关议题中全部权利义务事项的全面规范。

三、《公约》整体性与条约解释的一般原理相契合

协商一致和一揽子交易都是鼓励妥协的程序,并不会产生清晰、精确和毫无模糊的《公约》文本,海洋法的一些事项未得到详述,还有一些根本未解决或提及。作为复杂的利益平衡,《公约》包含了许多内在不确定的条款。《公约》所处理的许多事项,有些一直处于争议中,有些是全新的,有些仍然未解决,还有些根本未得到处理。因此,《公约》前言规定:"确认本《公约》未予规定的事项,应继续以一般国际法的规则和原则为准据。"这段话的最初版本借鉴了1969年《维也纳条约法公约》的前言,[1]即"确认本《公约》的规定未予明文规制的事项,应继续以习惯国际法规则为准据"。[2] 尽管《公约》提供了一种具有灵活性和可调节性的法律框架,对规范上的整体性不能完全在《公约》内予以评价。[3] 除《公约》序言第八段以及多处提及"一般国际法"外,《公约》还多处提及"国际规则""国际协定"或"全球性规则",这些规定被认为是《公约》提供了国际和区域协定的复杂网络,广泛涉及到船舶安全、污染防治、海洋资源管理和养护等方面,[4] 而海洋治理领域的国际条约和习惯等则构成了一个更

---

[1] See AI CONF.621L.13, Off. Rec. VI, 1976; Myron H. Nordquist (ed.), *United Nations Convention on the Law of the Sea 1982: A Commentary*, Vol.II, Martinus Nijhoff Publishers, 1985, p.450.

[2] See AICONF.62/L.49/Add.2, para.5.

[3] See Richard Barnes, The Law of the Sea Convention and the Integrated Regulation of the Oceans, *The International Journal of Marine and Coastal Law* 27, 2012, p.860.

[4] See Graig H. Allen, *International Law for Seagoing Officers*, Naval Institute Press, 2014, p.39.

大的网络。① 关于这一问题，在《公约》通过30周年之际，戴维·弗里斯通（David Freestone）主编回顾了他在《公约》生效时的评论："仍然有重要的问题需要进一步工作——因为这些问题根本没有完成，或者是因为新的期望和需求。会议所采取的革新的协商一致程序和一揽子交易方式，受到广泛评论，而必然包括大量妥协；作为直接结果，相当数量的问题没有完全解决。"②

诚然，《公约》留下了大量解释和适用的空间，缔约国关于《公约》解释和适用的分歧在实践中必然发生。由于不同缔约国的自愿选择和同意，相似的争端可能被分别提交到国际海洋法法庭、仲裁庭或国际法院。尽管这些常设或临时性机构各自具有管辖权，在避免《公约》解释和适用的分歧上应具有一般性利益。③

从这个意义上看，解释和适用《公约》的边界在于解释就是解释，不是修改或重写《公约》条款。解释的结果应忠实于按照《公约》的目的和宗旨在上下文中的通常含义。国际法院也曾强调，解释不是修改条约，或者将条约解释为并未明文规定或必然包含的内容。④ 英国国际法学家布朗利（Brownlie）认为："通常含义原则的一个自然推断就是整合原则（principle of integration），即必须根据整个条约的上下文，并参照条约

---

① See Graig H. Allen, *International Law for Seagoing Officers*, Naval Institute Press, 2014, p.37.

② See David Freestone, The Law of the Sea Convention at 30: Successes, Challenges and New Agendas, *The International Journal of Marine and Coastal Law* 27, 2012, pp.675-682, David Freestone and Gerard J. Mangone, The Law of the Sea Convention: Unfinished Agendas and Future Challenges, (1995) 10 *Int'l J. Marine & Coastal Law*, p.x, see also, Tullio Treves, The Law of the Sea System of Institutions, (1998) *Max Planck Y. B. U. N. L.* 2, p.325.

③ See D. H. Anderson, Legal Implications of the Entry into Force of The UN Convention on the Law of the Sea, *International and Comparative Law Quarterly* 44, 1995, pp.313-326.

④ See *M/V SAIGA (No. 1) (Saint Vincent and the Grenadines v. Guinea)*, Dissenting Opinion of Rüdiger Wolfrum, 4 December 1997, para.24. See also *Certain Expenses of the United Nations Case*, ICJ Reports 1962, p.159, *South-West Africa Case*, Second Phase, ICJ Reports 1966, p.39&48.

的宗旨与目的来理解条约用语的含义。"① 条约法专家加德纳（Gardiner）也指出："任何条约条款必须要根据约文用语的通常含义进行解读。但是在确定条约条款通常含义的过程中，必须要综合考虑上下文、善意原则以及条约的目的与宗旨。"② 我国条约法专家李浩培先生也指出，国际法委员会认为条约解释程序是一个统一体，以第31条的各项规定组成一个单一的、互相紧密地连在一起的完整的规则。③ 条约解释所遵循的整体性原则是《公约》本身理性化的要求，是根据《公约》整体所体现的缔约目的或缔约意图而进行的解释。《公约》是一个"一揽子协议"，整体性原则要求其内部的逻辑是一致的，不允许概念之间、制度之间存在逻辑上的矛盾，依据不同的《公约》条文只能推出相同或相容的法律目的或意图。

四、南海仲裁案仲裁庭违背条约解释的整体性原则

条约解释必须遵循《维也纳条约法公约》第31条所暗含的整体性原则，确定约文的含义必须根据整个条约的上下文，并参照条约的宗旨与目的来理解条约用语的含义。④ 第31条第2款进一步要求，"就解释条约而言，上下文除指连同序言及附件在内之约文外，还应包括全体当事国间因缔结条约所订与条约有关之任何协定；一个以上当事国因缔结条约所订并经其他当事国接受为条约有关文书之任何文书。"⑤ 上下文是确定约文通常

---

① See James Crawford (ed.), *Brownlie's Principles of Public International Law*, Oxford: Oxford University Press, 2012, p.381.

② See Richard K. Gardiner, *Treaty Interpretation*, Oxford: Oxford University Press, 2008, p. 202.

③ 李浩培著：《条约法概论》，法律出版社，2003年版，第351页。

④ James Crawford (ed.), *Brownlie's Principles of Public International Law*, Oxford: Oxford University Press, 2012, p.381.

⑤ 参见《维也纳条约法公约》第31条第2款。

含义的重要依据，因为通常含义可能存在多种解释，参照上下文有利于正确解读约文原意。① 在对条约进行解释时，条约整体性始终是一项重要考量，其目的在于实现同一条约体系下不同规定之间的相互协调、避免前后矛盾，保持逻辑体系自洽。

《公约》的诸多条款作为缔约国经过艰苦努力达成的妥协，反映了《公约》缔约国之间的微妙平衡，这要求国际司法与仲裁机构慎重、准确地解释和适用《公约》。② 《公约》最后形成的诸多条款文本是因为一揽子交易或协商一致的结果，也只能在此种缔约情况中才能完全予以理解。③ 因此，解释和适用《公约》应当尽可能顾及《公约》的整体性，符合《公约》的目的和宗旨并兼顾《公约》的缔约准备文件和缔约情况。南海仲裁案仲裁庭在解释《公约》过程中，未从约文解释的整体性原则出发而是孤立地抽取相关要素曲解条文用语的含义，这种错误表现得非常明显。

第一，仲裁庭因受管辖权限制而极力回避相关岛礁的主权争议问题，孤立地对相关岛礁的法律性质和所能产生的海洋权利进行界定，并认为在不问主权归属的情况下即可判断海洋地物自身是否能够拥有领海、毗连区、专属经济区和大陆架，享有主权或者主权权利。④ 事实上，根据《公约》第121条的规定，沿海国可以依据相关海洋地物属于岛屿还是岩礁来相应地主张不同的海洋权利。结合《公约》上下文分析来看，领海、毗连区、专属经济区和大陆架的真正法律主体是沿海国，岛屿或者岩礁等海洋

---

① See Richard K Gardiner, *Treaty Interpretation*, Oxford: Oxford University Press, 2008, p.177.

② See A. O. Adede, *The System for Settlement of Disputes under the United Nations Convention on the Law of the Sea*, Dordrecht: Martinus Nijhoff, 1987, p.89.

③ See G. Plant, The Third United Nations Conference on The Law of The Sea and The Preparatory Commission: Models for United Nations Law-Making, *International and Comparative Law Quarterly* 36, 1987, p.555.

④ See *the South China Sea Arbitration*, Award of 12 July 2016, p.120, para.283.

地物仅是海洋权利的地理起算点。① 国际法学者克莱恩（Klein）也曾指出，"对于海洋区域的主权、主权权利以及管辖权均属于作为政治实体的国家，与物理性的地块无关"。② 从这个意义而言，岛礁若脱离沿海国的领土主权归属则仅仅属于单纯的地理概念，无法产生任何海洋权利。

第二，仲裁庭有意将《公约》整体性机械地理解为其在规制范围和效力层次上的排他性，这不符合《公约》整体性的真实含义。《公约》的整体性是国际社会在当时所能达成协商一致和一揽子交易的最小公分母，而不是穷尽了所有海洋法事项。《公约》的许多条款都是开放式的，没有设定简单划一的优先顺序③。仲裁庭错误地认为用以规范《公约》和其他国际协定间关系的第311条同样适用于处理《公约》与一般国际法的相互作用问题。事实上，《公约》第311条标题为"同其他公约和国际协定的关系"。虽然"国际协定"在国际法体系中有不同的表现形式，④ 但仲裁庭无视上下文规定而将其解释为"包含习惯国际法在内的一般国际法"，这是对《公约》整体性解释原则的严重违背。

需要指出的是，《公约》第309条禁止保留的规定是为了维系《公约》本身的整体性而非规制范围的全面性，那些在缔约磋商中没能达成一致的事项留待国家实践的继续发展，这其中即包括如何看待《公约》之前已经存在的海洋习惯国际法和《公约》之间的关系。在这一点上，仲裁庭从没

---

① 参见中国国际法学会：《菲律宾所提南海仲裁案仲裁庭的裁决没有法律效力》，载《中国应对南海仲裁案文件汇编》，世界知识出版社，2016年。

② Natalie Klein, *The Limitation of UNCLOS Part XV Dispute Settlement in Resolving South China Sea Disputes*, International Journal of Marine and Coastal Law, 2016, p.18.

③ See International Law Commission, *Conclusions of the work of the Study Group on the Fragmentation of International Law: Difficulties arising from the Diversification and Expansion of International Law*, U.N. Doc. A/CN.4/L.682, 2006, para.278.

④ 参见[英]詹宁斯、瓦茨修订：《奥本海国际法》(第一卷第二分册)，王铁崖等译，中国大百科全书出版社，1998年版，第663—664页，第632目。

有从整体上审视《公约》对于历史性权利的态度,未能认识到《公约》第10条第6款在历史性海湾的法律状况及认定条件等方面的沉默和《公约》第15条对历史性所有权或其他特殊情况的明示保留,其实质是对这些根植于一般国际法的权利义务事项的不予处理,使其维持在《公约》生效前的状态,而非将其置于更严苛的要求之下。①

第三,仲裁庭对"条约解释的补充资料"几乎未做任何实质性的考察。"缔约准备文件和缔约情况"作为解释的补充资料可以确认其他解释方法解释《公约》的结果,或者在结果显然荒谬或不合理时起到补充作用。一方面,就作为司法或仲裁的一种依据而言,《公约》谈判过程和结果表明,个别国家的发言和表态对于《公约》的解释和适用不具有特别重要性,会议的非正式记录并非属于《维也纳条约法公约》严格意义上的"解释的补充资料"。实际上,第三次联合国海洋法会议的正式记录基本上限于正式会议和提案、主要谈判文本的记录。另一方面,《公约》生效后正在形成的习惯国际法及其国家实践,应当作为解释的一个要素予以考虑。根据1969年《维也纳条约法公约》第31条的规定,缔约国之间就《公约》的解释和适用所达成的任何后续协定、后续惯例,以及适用于其关系的任何相关国际法规则,都应与《公约》的上下文一并考虑。

第四,仲裁庭忽视了《公约》作为一揽子交易的内部统一性。根据条约解释的有效解释规则,仲裁庭应确保裁决不会使《公约》任何条款的规定归于无效或多余。在南海仲裁案中,仲裁庭倾向于菲律宾有意设计而忽视了许多真正的应当适用的理由和条款。例如,基于规避管辖权限制而不能确定黄岩岛及其领海主权的原因,仲裁庭没有考虑沿海国对领海进行国

---

① See United Nations, *Juridical regime of Historic Waters, Including Historic Bays-Study Prepared by the Secretariat*, Doc. A/CN. 4 /143, 9 March 1962, *Yearbook of the International Law Commission*, Vol. II, 1962, p.13, para.78.

内规制的主权行为和对无害通过船只的执法以及无害通过的船只不得进行捕鱼等规定的可适用性。出于规避管辖权限制的需要，仲裁庭仅仅挑选某些《公约》规定予以裁决，这种做法限制了实体争议问题本应适用的《公约》条款的范围，而这些条款之间是相互联系的。作为一种客观确定的事项，当这些条款适用于实体争议问题时事实上可能形成与仲裁庭所做裁决截然相反的结果。

国际法委员会曾经指出，任何规则、条约或惯例，无论其所涉事项多么特别，或所涉国家的数目多么有限，都不是在真空中适用。① 仲裁庭人为分割了这些处于同一部分海域的条款之间的内在联系，将中菲之间的真实争端规避为只有学理意义的法律问题。正如图里奥·特里维斯（Tullio Treves）指出，在单方提起的案件中，由于并不是所有内在相关的问题被提交，就案件的真实争端而言，司法或仲裁庭的裁决将是不完整和不平衡的，而这已经在南海仲裁案中发生了。② 南海仲裁案仲裁庭忽视条约整体性原则所进行的约文解释在客观上会导致变更甚至创设《公约》规定的结果，仲裁庭的做法及认识不符合《公约》的目的和宗旨，也不符合国际法院和法庭的一般法理，对《公约》的整体性和权威性造成贬损。在这一点上，诚如切尼（Jonathan Charney）所言，对国际法不一致的解释和适用，将损害国际法体系所推定的统一性和普遍性并削弱其一致性。③

---

① See International Law Commission, *Conclusions of the work of the Study Group on the Fragmentation of International Law: Difficulties arising from the Diversification and Expansion of International Law*, U. N. Doc. A/CN.4/L.682, 2006, p.41.

② See Tullio Treves, The Ownership of the Xisha and Nansha Islands according to French and British National Archival Records, in *Public International Law Colloquium on Maritime Disputes Settlement*, Hong Kong: Chinese Society of International Law, pp.402-403.

③ See Jonathan I. Charney, Third Party Dispute Settlement and International Law, *Colum. J. Transnational Law* 36, 1997, pp.81-89.

五、余论

从国际法体系的视角来看，每一个条约都是更大的国际法体系中的一个部分。当我们从宏观上研究国际法体系时，发现条约这种以权利义务关系为主要内容的具体规范可以归入不同的部门和板块，进行这种分类的依据是条约作为一个整体所展现出的既相对独立又与包括习惯国际法在内的一般国际法存在关联的特性。

《公约》的谈判过程对习惯国际法和《公约》的关系及相互作用具有重要的法律影响。在很大程度上，《公约》实现了其前言的规定"海洋法的编纂和逐渐发展"。但是，协商一致并不表明缔约国完全支持《公约》的所有规定，或者放弃了所有的海洋主张。《公约》一些规定反映了第三次海洋法会议之前存在的习惯法，当《公约》的条款直接反映《公约》文本通过之前的习惯国际法时，此种习惯国际法仍然存在，并不因《公约》的规定而受影响。[1]当《公约》的条款对习惯国际法有所改变时，仅在《公约》反映了此种改变的范围内，影响到习惯国际法的适用。以一揽子交易方式达成的《公约》并不意味着形成了普遍接受的习惯国际法，也并不否认其后偏离甚至与《公约》相抵触的其他规则的发展。[2]实践中，许多与《公约》并不一致甚至相抵触的海洋主张仍然得以继续。例如，关于200海里资源区的国家实践表明，专属经济区概念在《公约》通过之前已经获

---

[1] See Hugo Caminos and Michael R. Molitor, Progressive Development of International Law and the Package Deal, *American Journal of International Law* 79, 1985, p.57.

[2] See Van Dyke (ed.), *Consensus and Confrontation: The United States and the Law of the Sea Convention*, Honolulu: Law of the Sea Institute, 1984, pp.42-43.

得了习惯国际法的地位。① 对于《公约》并未穷尽的专属经济区的一些事项，仍然有待习惯国际法和国家实践的发展。迄今，仍然有14个国家（其中13个为《公约》缔约国）坚持"专属捕鱼区"主张。②

《公约》和其他国际法规则的关系，就作为一项实体问题而言，自身是一种需要客观确定的问题。《公约》附件七仲裁庭和其他国际司法或仲裁机构当然是不同的，《公约》和作为整体的国际法也是不同的，然而需要遵守国际法规则的国家是相同的，有些情况下就相似争端面临不同争端解决机构的国家也可能是相同的，要求争端解决机制尽量作出协调而不是加剧冲突。

《公约》第十五部分本身允许多种争端解决机构及程序的可能性，这要求海洋法争端解决机制缓和国际法不成体系而不是加剧这一现象。仲裁庭的权限根据《公约》第288条限于《公约》的解释和适用，此种限制是《公约》第十五部分争端解决机制强制义务性的一种对应和事实上的平衡。任何企图超出第288条规定的范围而扩大仲裁庭的管辖权，都不符合《公约》争端解决机制的基础法理。这有违第三次联合国海洋法会议所达成的理解，即《公约》的争端解决机制在所涉范围内将是强制而有限的。③

广泛地说，国际司法与仲裁机构的有效性和正当性可以通过司法行为的契合程度得到评价，例如作出有理由的裁决、保持中立性、案件裁决的一致性、法庭构成人员的妥当性，以及按照一般接受的条约解释方法解释

---

① See *Explanatory Memorandum by the President of the Conference*, U.N.Doc. A/CONF.62/WP.10/Rev.1, 1979.

② See Shalva Kvinikhidze, Contemporary Exclusive Fishery Zones or Why Some States Still Claim an EFZ, *The International Journal of Marine and Coastal Law* 23, 2008, pp.271-295.

③ See *The 'Ara Libertad' Case (Argentina v Ghana)*, *Request for the Prescription of Provisional Measures*, Order of 15 December 2012, Joint Separate Opinion of Judge Wolfrum and Judge Cot, ITLOS, para.6.

条约等。① 法庭或仲裁庭若在对相关事项管辖权依据不足的情况下受理案件，则其可能被视为是政治化的非中立机构。② 国家间涉海争端的成功解决在很大程度上是依赖于《公约》所确立各种争端解决机制的整体性、一致性和前瞻性。《公约》第十五部分本身允许多种争端解决机构及程序的可能性，这要求海洋法争端解决机制缓和国际法不成体系而不是加剧这一现象，并努力为每个案件找到与《公约》精神相一致的公平解决方案。③

---

① See Laurence R Heifer & Anne-Marie Slaughter, Toward a Theory of Effective Supranational Adjudication, *Yale Law Journal* 107, 1997, p.284.

② See John E. Noyes, The International Tribunal for the Law of the Sea, 32 *Cornell International Law Journal* 109, 1999, p.156.

③ See Louis B. Sohn, Settlement of Law of the Sea Disputes, 10 *International Journal of Marine & Coastal Law* 205, 1995, pp.217-218.

南海历史及其他研究

"南海行为准则"历史回顾及案文磋商前景展望

闫 岩[①]

|摘 要| "南海行为准则"磋商自20世纪90年代启动至今已二十余年。2017年5月,中国与东盟各国达成了"准则"框架,南海地区建立以规则为基础的危机管控机制建设进入了务实性磋商的新阶段。在过去20年的磋商过程中各方关注的问题、争议的焦点和2002年在妥协下达成的《南海各方行为宣言》,都应回顾和审视,为即将启动的案文磋商做好准备。本文旨在梳理南海形势的演变和"准则"及《宣言》的磋商历史,对比当前的南海形势及各方利益需求,为下一步达成"准则"文本提出思考与建议。

|关键词| 南海各方行为宣言 南海行为准则

"南海行为准则"(以下简称"准则")一直被中国和东盟国家赋予成为管控南海危机的规则秩序的重要使命。但磋商自20世纪90年代启动以来,一路跌跌撞撞推进缓慢。每当南海发生紧急事件或形势升温,争端各方及域外国家便呼吁加速磋商进程,早日达成"准则";一旦进入磋商进程的"深水区",又因南海复杂敏感的形势和各方利益博弈而陷入僵局。2017年5月中旬,中国与东盟各国通过了"准则"框架,标志着南海地区

---

① 闫岩,香港大学法学院博士,中国南海研究院海洋法律与政策研究所副所长。

建立以规则为基础的危机管控机制建设进入了务实性磋商的新阶段。8月6日，中国外交部长王毅在菲律宾马尼拉出席中国—东盟外长会后表示，对于下一阶段的"准则"磋商路线图，中国提出了"三步走"的设想。第一步，是在11国外长共同确认"准则"框架并完成必要准备工作后，于年内适时启动下一步实质磋商。第二步，是在今年8月底落实《南海各方行为宣言》联合工作组会上，探讨"准则"磋商的思路、原则和推进计划。第三步，是在准备工作基本完成后，"在没有外界重大干扰和南海形势基本稳定前提下"，由中国和东盟国家领导人在11月的中国—东盟领导人会议上宣布启动"准则"下一步案文磋商[①]。本文首先回顾《南海各方行为宣言》(以下简称《宣言》)和"准则"的历史背景及磋商进程，再梳理和分析当前局势与各争端方的利益驱使，最后对于在下阶段的磋商中可能遇到的难点与难以逾越的分歧进行研判与展望。

一、《宣言》15年：南海形势起伏与规则建设

2002年11月4日，在柬埔寨金边举行的中国—东盟领导人会议期间，中国与东盟各国外长及外长代表签署了《宣言》。自签署以来，中国和东盟国家通过落实《宣言》机制，努力维护南海地区和平与稳定。该机制不仅已经发展成为各方维护南海稳定、促进海上合作的主平台之一，也代表着南海规则和秩序的真正走向。但与此同时，某些争端国不断固化所占岛礁的现状，并寻求签署更加有法律约束力的"准则"，南海局势一波未平一波又起。《宣言》签署15年来，围绕南海形势发展和规则建设两条主线，大致可以分为四个阶段。

---

① 中方对推进"南海行为准则"磋商提出"三步走"设想，2017年8月6日，http://www.chinanews.com/gj/2017/08-06/8297100.shtml。

（一）2002至2009年：《宣言》效果显著，南海局势总体平稳。《宣言》签署后，中国2003年又加入了《东南亚友好合作条约》。东盟国家尤其是争端国对于南海区域规则制定的阶段性成果比较满意，南海局势保持了一段相对稳定的时间。但在中国遵守《宣言》第4条的禁止性条款，保持自我克制的同时，其他各争端国采取军事、民事化手段，逐渐固化对非法占领的岛礁的现状。如2004年6月，越南组织了百余名游客在南沙岛礁旅游宣誓主权；9月公布油气勘探投资招标书；2006年菲律宾在中业岛改善军事设施，重建飞机跑道并修建码头；2008年马来西亚时任副总理兼国防部长纳吉带数十名记者登上弹丸礁宣誓主权。在这个阶段，最值得关注的海上合作突破，是2005年中国、越南和菲律宾三家石油公司签署的《在南中国海协议区三方联合海洋地震工作协议》。尽管由于菲律宾国内政治原因，合作于2008年执行完毕未进入下一阶段，这一尝试仍是《宣言》签署至今最重要的海上合作举措。

（二）2009至2013年：部分争端国力推南海问题"国际化"，美国"亚太再平衡"战略调整，南海局势升温，《宣言》效力逐渐弱化。2009年，越南、马来西亚向联合国大陆架界限委员会（CLCS）提交200海里外大陆架界限信息；2012年越南国内通过《海洋法》试图固化南海主张；菲律宾在黄岩岛附近海域抓扣中国渔民引发对峙事件；7月在金边举行的东盟外长会议首次无法达成共识发布公报。此外，美国在"亚太再平衡"战略指导下，通过多边场合发声、强化盟友关系、提升在本地区军力部署等方式加大了对南海事务的介入，导致南海形势逐渐升温。

（三）2013至2016年：菲律宾"南海仲裁案"导致局势持续升温，"准则"磋商重启并稳步推进，中国积极参与磋商进程。这个阶段是菲律宾单方面提起的仲裁案推动下南海形势高温不退的时期。尽管"准则"磋商于2013年重新启动，不断推进，但仲裁案的负面影响导致"准则"的进程并未能引起广泛关注。2014年9月在江苏举行的落实《宣言》第6次高官会和第9次联合工作组会议正式启动了"准则"磋商。会议决定授权联合工作组就"准则"进行具体磋商，并同意采取步骤成立名人专家小组。① 各方决定在完成"准则"磋商前，通过落实"早期收获"项目和探讨"海上风险管控预防性措施"，确保南海局势整体稳定。2014年10月的第8次高官会上通过了第一份共识文件；2015年7月的第9次高官会上通过了第二份共识文件；10月的第10次高官会上讨论并通过了"重要和复杂问题清单"及"'准则'框架草案要素清单"两份重要文件。

2016年7月仲裁裁决出炉后，中国与东盟十国发表了《关于全面有效落实〈南海各方行为宣言〉的联合声明》，再次强调直接相关主权当事国家谈判协商和平解决有关争议。9月，中国—东盟领导人会议审议通过《中国与东盟国家应对海上紧急事态外交高官热线平台指导方针》和《关于在南海适用〈海上意外相遇规则〉的联合声明》两份文件，有利于中国与东盟各国共同管控南海海上局势，避免海上冲突爆发和升级。

（四）2016年至今：仲裁后局势趋稳，围绕"准则"的规则制定主导南海形势变化。自2016年7月仲裁裁决产生以来，在中国的不懈努力和引导后，中菲关系转圜，越、菲、马等国领导人先后访问北京，在南海问题上达成了诸如通过谈判和协商解决分歧、管控危机推动合作的共识，南海局势已逐渐降温。但在领土与海洋管辖争议的彻底解决遥遥无期，域外国家日益强硬的情况下，如何通过规则约束各方行为，维护南海的和平与稳定，是当前这个阶段最重要的课题。

2016年4月的第11次高官会上，各方承诺致力于落实"早期收获"相关成果，包括建立"中国和东盟国家应对海上紧急事态外交高官热线平

---

① "落实《南海各方行为宣言》第6次高官会举行"，2013年9月5日，中国新闻网。

台""中国和东盟国家海上搜救热线平台"等合作项目,并一致同意就在南海地区适用《海上意外相遇规则》等问题保持沟通。随后6月在越南举行的第12次高官会上,各方重申了在协商一致的基础上早日达成"准则"的共同意愿。7月25日,中国外交部长王毅在老挝万象出席中国—东盟外长会后举行中外媒体吹风会时明确表示,在不受外界干扰的情况下,中国愿意和东盟国家在2017年年中前完成"准则"框架磋商。8月在内蒙古举行的第14次高官会审议通过了"中国与东盟国家应对海上紧急事态外交高官热线平台指导方针"和"中国与东盟国家关于在南海适用《海上意外相遇规则》的联合声明"两份成果文件,决定将此作为成果提交9月初中国—东盟领导人会议发表。各方再次确认王毅的提议,即各方将在不受外界干扰的情况下,争取于2017年年中前完成"准则"框架草案。2017年5月17日至18日在贵州省贵阳市举行的第14次高官会审议通过了"准则"框架,并提交中国—东盟外长会寻求政治支持。至此,中国与东盟国家顺利并提前达成"准则"框架草案。中国外长王毅提出"在没有外界重大干扰和南海形势基本稳定前提下",由中国和东盟国家领导人在11月的中国—东盟领导人会议上宣布启动"准则"下一步案文磋商,[①]标志着磋商将很快进入"深水区"。

二、《宣言》核心条款及"准则"磋商争议问题分析

《宣言》文本包括序言和十项具体条款。从序言的定性中可以看出,《宣言》的最终目标并非寻求南海争端的彻底解决,而是为解决争端创造和平稳定的环境,"为和平与永久解决有关国家间的分歧和争议创造有利

---

① 中方对推进"南海行为准则"磋商提出"三步走"设想,2017年8月6日,http://www.chinanews.com/gj/2017/08-06/8297100.shtml。

条件"。① 宣言总共十项条款，大致可分为宗旨与原则、争端解决的途径、信任措施建立与海上合作，以及限制性条款四个方面。其中第一、二、三、四、七、八、九、十是原则性条款。第十条明确了《宣言》和"准则"的关系，即继续制定"准则"要建立在落实《宣言》的基础上。第四条规定了南海争端的解决方式，"由直接有关的主权国家通过友好磋商和谈判，以和平方式解决它们的领土和管辖权争议，而不诉诸武力或以武力相威胁"。② 第六条列举了鼓励有关各方开展海上合作的领域，主要是非传统安全、海洋科学研究和环保等低敏感领域的合作。海上资源的共同开发并没有在此提及，关于合作的模式、路径和范围，也没有做具体安排。第五条是唯一的限制性条款，也是在《宣言》实施后，各方保持克制维护南海和平稳定的基础。同时，这一条也列举了有关各方可采取的信任措施。

从过去20年的"准则"和《宣言》磋商历史来看，每每谈判进入到实质性阶段，开始探讨涉及争议的核心问题时便陷入僵局，11月后即将进入的"第三步"阶段，依然无法回避。在1999年至2000年间，中国和东盟各国就"准则"草案进行了多轮磋商，当时的主要分歧有四个：适用海域、岛礁建设和开发、非争端国的军事演习和抵近侦察以及争议海域的渔民等问题。③ 由于在这些问题上分歧较大，"准则"磋商陷入僵局。在2002年7月的第35届东盟外长会议上，马来西亚提议为了打破僵局，将"准则"改为《南海各方行为宣言》(DOC)，④ 突出其政治性而非法律性。该建议得到了各方的通过，中国与东盟各国随后于11月签署了《宣言》。难

---

① 《南海各方行为宣言》序言第四条。

② 《南海各方行为宣言》第四条。

③ Carlye A. Thayer, ASEAN, China and the Code of Conduct in the South China Sea, SAIS Review of International Affairs, Volumn 33, No. 2, 2013, 75-84.

④ Tran Truong Thuy, Compromise and Cooperation on the Sea: The Case of Signing the Declaration on the Conduct of Parties in the South China Sea, 5.

以达成统一意见的敏感、核心的六个问题分析如下：

（一）"准则"适用海域问题

在1999年5月的东盟高官会上，越南和菲律宾等国就曾提出自己的"准则"草案文本。① 随后在7月的东盟外长会议和东盟地区论坛上，秘书处公开了东盟共同的草案，但该文本并未获得当时东盟各国外交部长的通过。菲律宾草案中，提出"准则"的适用海域为整个南海地区。但马来西亚反对这个提法，② 因为马来西亚想将和菲律宾的争端排除在外，并且中马之间的争端海域仅为南沙群岛的小部分地区，马来西亚想尽量避免卷入更大范围的南海争议中。越南支持整个南海地区的提法，并且进一步明确表示"准则"适用的范围要包含西沙群岛。③ 这个提议并未在东盟会议上获得通过，随后也遭到中国的反对。④ 而最后在2002年形成的《宣言》文本序言中采用的是"南海地区"的表述。

（二）法律约束力的问题

"准则"的法律性质问题多年来一直受到各方的高度关注。20世纪90年代磋商启动时，菲律宾的目标是将"准则"建成一个有法律约束力的争端解决机制。菲律宾曾草拟过一份长达8页的《南海行为准则草案》，除了国际条约的一般条款如原则、目标、保留、批准、生效外，专门提及了

---

① Nguyen Hong Thao, "Vietnam and the Code of Conduct for the South China Sea", *Ocean Development and International Law*, Vol. 32, Issues, 1-2(2001), 105-130.

② "Positive ASEAN Response to Proposed Code of Conduct in the South China Sea Noted", *Business World*, the Philippines, Sep. 14, 1999.

③ [越南]陈长水："海上问题的妥协与合作——《南海各方行为宣言》签署的案例"，南洋资料译丛，2015年第1期，第14—18页。

④ "Philippines: Manila: ASEAN Code of Conduct Agreed", Nov. 11, 1999, AP Archive, http://www.aparchive.com/metadata/youtube/27bcf8b529a4954af63c55daacc067ea.

应通过《东南亚友好合作条约》设立的"高级理事会",或《联合国海洋法公约》下的争端解决机制等方式彻底解决南海领土和管辖权争议。① 尽管杜特尔特上任后对避免仲裁案对中菲关系影响做了许多工作,但在"准则"约束力的问题上,目前菲律宾态度含糊,仍倾向于具有法律约束力。2017年5月19日,新上任的菲外长卡耶塔诺表示,菲律宾无意强推具有法律约束力的"准则",也认为东盟很难与中国达成具有法律约束力的"准则"文本,指出"国与国之间的诺言与承诺,就足以使行为准则具有约束力"。② 但随后8月菲外交部发言人又向媒体明确表示菲律宾希望达成一个具有法律约束力的"准则"。③

越南在磋商启动时对于"准则"法律属性的考量与菲律宾如出一辙,但在争端解决机制的问题上,由于越南在南沙海域非法占领和已进行建设的岛礁数量远超其他争端国,诉诸第三方寻求领土争议的解决未见得符合越南利益。近两年越南也持续在所占岛礁上进行建设,至2016年底南威岛填海面积达到57英亩,机场跑道也从2500英尺扩建至超过3300英尺。④ 许多越南学者也一直呼吁《准则》应是具有法律约束力的文件,以制约中国并固化现状。越南或将成为"准则"磋商中最强硬的国家。在越南的坚持下,2017年8月第50届东盟外长会后发表的联合公报中,虽未直接点名中国,却明确出现了对南海岛礁建设和"军事化"的关切,并要求

---

① Carlyle A. Thayer, ASEAN's Code of Conduct in the South China Sea: A Litmus Test for Community-Building? *The Asia-Pacific Journal*, Vol 10, No. 4, 2012.
② Cayetano not keen on legally binding code of conduct in disputed area, 2017.5.19.
③ Philippines prefers legally binding south china sea code, 2017.8.6.
④ Vietnam's Island Building: Double-Standard or Drop In the Bucket? AMTI, https://amti.csis.org/vietnams-island-building/.

"相关国家"从事活动时保持自我克制。① 此外，出席会议的越南副总理兼外交部长范平明（Pham Binh Minh）敦促尽快启动实质内容磋商并尽早达成有效的和具有法律约束力的"准则"。②

在1999年讨论最初的"准则"文本时，东盟会议在讨论了菲律宾、越南、马来西亚和印尼等国的草案后，达成一致的观点，认为"准则"是一份不具有法律效力的政治文件；作为一个增加各国互信的文件，也不会对各方主张产生影响。③ 在2017年8月最新的联合公报中，依然首先强调必须全面有效地落实《宣言》，再提尽量早日达成"有效的南海行为准则（effective COC）"。④ 对于法律约束力的问题仍未形成统一意见。

（三）自我约束的禁止性条款及互信共建

2002年《宣言》第5条是唯一涉及具体行为的限制性条款，如"不在现无人居住的岛、礁、滩、沙或其他自然构造上采取居住的行动""保证对处于危险境地的所有公民予以公证和人道的待遇"和"在自愿的基础上向其他有关各方通报即将举行的联合军事演习"等。其中禁止多占未被占领的岛礁和禁止在这些岛礁上开展工程建设的内容是由1999年的东盟草

---

① 联合公告中原文为第191条："We discussed extensively the matters relating to the South China Sea and took note of the concerns expressed by some Ministers on land reclamations and activities in the area, which have eroded trust and confidence, increased tensions and may undermine peace, security and stability in the region." 和第193条："We emphasized the importance of non-militarization and self-restraint in the conduct of all activities by claimants and all other states, including those mentioned in the DOC that could further complicate the situation and escalate tensions in the South China Sea.", 第50届东盟外长会议联合公告，2017年8月5日，http://asean.org/storage/2017/08/Joint-Communique-of-the-50th-AMM_FINAL.pdf。

② Vietnam urges to pragmatic negotiate of the COC, 2017. 8.7, http://hanoitimes.com.vn/news/vietnam/2017/08/81e0b57e/vietnam-urges-to-pragmatic-negotiate-of-the-coc/.

③ ASEAN's Draft Code of Conduct in the South China Sea, 25/11/1999.

④ 联合公告，第196条："Pursuant to the full and effective implementation of the DOC in its entirety, and pending the early adoption of an effective COC…"

案提出，而中国则提出各方避免在争议地区附近进行军事侦察活动以及巡逻活动、以及对渔民的人道救助。① 菲律宾对于禁止多占岛礁的条款态度强硬，表示若中国不接受，菲律宾就退出磋商。

参与磋商的各国利益取向和目标相去甚远，互信缺失的问题将长久存在。一些国家的目标是达成有法律约束力的地区规则，以巩固非法所得，确保其开发和利用南海资源的权利，并限制中国的作为；另一些国家由于不存在南海争议，不愿与中国对立，但希望通过支持其他东盟争端国以从南海合作中获利。中国在当时的目标是避免被束缚手脚，以及防止域外国家介入并使争议扩大化、国际化。由于各方利益难以协调，互信缺失的问题不仅存在于中国—东盟关系中，也存在于东盟国家之间。因此最后产生的《宣言》文本中使用的仍是较为含糊的用词如"各方承诺保持自我克制""开展适当的对话和交换意见""在自愿的基础上"等。

（四）监督执行机制的问题

《宣言》文本完全未提及监督执行机制的问题，而是通过第七条和第八条政治宣誓性的文字鼓励各方自我约束，如"有关各方愿通过各方同意的模式，就有关问题继续进行磋商和对话，包括遵守本宣言问题举行定期磋商……推动以和平方式解决彼此间争议"。②

（五）域外国家参与的问题

美国一直保持着对南海事务的持续关注。1995年美济礁事件后，美国国务院发表了声明，明确表达了对航行自由和海上行动自由的关注，以及

---

① Tran Truong Thuy, Compromise and Cooperation on the Sea: The Case of Signing the Declaration on the Conduct of Parties in the South China Sea, 5.
② 《南海各方行为宣言》第七条。

尊重国际法、用和平方式解决争端等原则。2001年"9·11"事件后，美国随即宣布东南亚为全球反恐战略的第二阵地，强化了与菲律宾、泰国等盟友的安全合作，改善了同越南和马来西亚的关系，并重新开始使用克拉克空军基地和苏比克海军基地。

在早期磋商的过程中，中国的目标之一就是反对南海问题国际化和防止域外国家介入。然而东盟国家尤其是美国盟友却希望借美国来制衡中国，而不同意中国关于限制域外国家在南海争端海域进行军事活动的条款。平衡之下，最后达成的宣言文本宽泛的表述为"在自愿基础上向其他各方通报即将举行的联合军事演习"，且一直未得到落实。而近年来的发展可以看出，此项条款并未发挥应有的危机防范与管控作用，美国的"航行自由行动"和愈演愈烈的双边军演已成为南海形势重要的导火索之一。

三、未来磋商展望及要点分析

王毅部长提出的"三步走"设想目前为止已经完成第二步，即在8月底落实《南海各方行为宣言》联合工作组会上，对"准则"磋商的思路、原则和推进计划进行探讨。接下来便是"在没有外界重大干扰和南海形势基本稳定前提下"，由中国和东盟国家领导人在11月的中国—东盟领导人会议上宣布启动"准则"下一步案文磋商。[①] 对于2018年即将开始的下一轮磋商，应从未来五年的短期目标，和形成最终文本的长期目标两个方面来分析与思考。

未来五年是磋商最为关键的一个阶段。一方面影响南海局势的重要国

---

① 中方对推进"南海行为准则"磋商提出"三步走"设想，2017年8月6日，http://www.chinanews.com/gj/2017/08-06/8297100.shtml。

家的内政相对稳定，为磋商提供良好的外部环境。美国总统特朗普任期4年、菲律宾总统杜特尔特任期5年，中国于10月召开的第十九次全国代表大会也定下未来五年处理海洋问题的基调；另一方面进入实际磋商阶段后，许多根深蒂固的矛盾和冲突将显现，可能成为影响南海局势发展的不稳定因素。因此必须做好五年内无法达成"准则"的预期，在充分考虑中国东盟关系、岛礁建设和域外国家等因素的基础上，设立符合我国家利益的长远目标。

（一）明确利益目标、掌控磋商进程，对新的不利因素做好预案。相较于20世纪90年代的早期磋商，自2013年以来中国通过推进海上合作逐渐掌握并主导磋商的节奏与进程。未来五年中国南海利益所在是逐渐完善新建岛礁部署、力推海上合作深化中国东盟关系，并防范域外国家进一步介入南海问题。

越南、新加坡可能成为"准则"磋商的最大阻碍。杜特尔特2016年5月就任菲律宾第16任总统的一年多来，在两国的共同努力下中菲关系转圜，对于南海局势回归正轨发挥正面作用。杜特尔特任期至2022年，在未来五年的磋商进程中，尽管菲律宾与中国的预期目标不同，但可能不会成为阻碍进程的主要对手。新加坡在2015年至2018年担任"东盟对话关系协调国"（以下简称"协调国"）期间，并未客观公正的处理南海事务并调节中国东盟关系，而是积极发声，坚定公开的支持仲裁案并多次表现出强硬态度。尽管新加坡近段时间态度出现转变，但仍要持续关注其摇摆的态度和在未来磋商中的表现。越南在近期的多边场合牵头挑事针对中国，相信在接下来的磋商过程中也不会有大的调整。

（二）利用"准则"磋商批驳裁决谬误，消除仲裁裁决的负面影响。中国外交上的充分应对已将仲裁案带来的负面影响极大减少，但其法律影响仍将持续发酵，尤其是裁决仍有可能成为国际法渊源。裁决做出的关于中国对断续线内的海域主张历史性权利没有法律依据、南沙群岛无一能够产生200海里专属经济区、南沙群岛不能够作为整体主张海洋区域，尤其是中国南海断续线"非法"的错误判决，都有可能成为其他国家与中国谈判的筹码。中国应转变思维，与其考虑在磋商的过程中如何避免其他国家直接或间接援引仲裁裁决，不如转被动为主动，思考如何充分利用磋商使文本能够更符合国际法解释并照顾各方的舒适度，尽量抵消裁决的影响。

首先，适用海域范围沿用《宣言》中的"南海地区"，体现争议现状。其次，推动海上合作条款应包含海上资源的开发。《宣言》第六条列举的五个内容都是非敏感和非传统安全领域，完全没有提及海上资源开发的合作。中国应继续力推渔业合作尤其是海上油气资源的共同开发。最后，明确鼓励以中国东盟国家间的双边合作推动多边合作。由于《宣言》并无明确合作具体路径，仅表示"有关各方应就双边及多边合作的模式、范围和地点取得一致意见"，①在实际操作中东盟国家会要求有关国家的合作必须经过东盟内部的批准程序而导致失败。因此在"准则"中明确鼓励在自愿原则下的双边合作，以推动全面落实海上务实合作。

（三）考虑视情适时增加观察员机制，建设"排他性开放"的"准则"机制。从反对南海问题国际化到签署《宣言》，到近年来与频频在南海执行"航行自由行动"的美舰机针锋相对，再到提出"双轨思路"，中国已经意识到南海问题无法仅在争端国内部讨论和解决。不但美国自"亚太再平衡"战略实施以来加大了介入南海事务的力度，一直敦促中国与东盟国家加速谈判磋商进程，并明确高调表示希望一份有法律约束力的"准则"尽早达成，日本和澳大利亚等美国盟友也纷纷站队。2017年8月7日

---

① 《宣言》第六条。

在马尼拉举办的东盟系列外长会议期间，美国、澳大利亚和日本发表措辞强硬的声明，谴责中国在南海的岛礁建设和"军事化"，并强调在南海的行为准则"必须"具有法律约束力，才有实际意义和可实施性。① 外长王毅明确表示，中国和东盟国家有能力谈成一个能够管控分歧、维护地区和平的"准则"。"我们不希望域外国家就此指手画脚，甚至试图下指导棋"。②

"双轨思路"的实践，一方面必须坚持南海争端通过争端国的直接磋商解决，另一方面也要认识到域外国家对南海事务的关注和介入只会越来越加深。长远来看，可以开始考虑在必要的时候设计"排他性开放"的制度，通过制度设计确保由南海争端国掌握南海争议核心事务的决策权，其他东盟国家在航行、非传统安全和海洋科研等非敏感领域享有话语权，并通过"观察员制度"排除域外国家参与南海事务的可能性。

在"准则"机制下设立观察员制度可以显示大国气量，满足域外国家参与南海事务的需求，同时也可以通过具体条款的设计将观察员国家的权利义务进行限制。譬如，若要成为"准则"机制的观察员，必须认可南海争议要由直接相关的争端各方通过谈判磋商自行解决；必须确保不插手南海领土争端和海洋管辖权的相关事务；必须承认南海争端国在南海地区的主权、主权权利和管辖权；必须禁止在争议海域开展挑衅性军事活动等。此外，还可以明确规定观察员国的权利义务，如旁听权和发言权需要中国和东盟国家的一致同意，在海洋科考和打击海盗等方面向正式会员国提供

---

① 美国、澳大利亚和日本三国外长明确表示"准则"应是"legally binding, meaningful, effective, and consistent with international law"。Australia, Japan, US call for South China Sea code to be legally binding, 2017.8.7, https://www.reuters.com/article/us-asean-philippines-southchinasea/australia-japan-u-s-call-for-south-china-sea-code-to-be-legally-binding-idUSKBN1AN0TU。

② "王毅谈COC磋商：不希望域外国家指手画脚"，2017年8月7日，外交部，http://www.mfa.gov.cn/web/wjbzhd/t1483027.shtml。

咨询服务等。通过设立"排他性开放"的观察员制度对"准则"指手画脚的域外国家加以限制，是我们可以深入考虑的选项。

（四）加入对海空军事活动的限制性条款，以消除逐渐增加的军事活动对地区安全的影响。近年来在南海争议海域最频繁的军事活动主要是美国频繁的海空抵近侦察行动、使用南海周边国家的军事基地、在争议岛礁附近海域开展的"航行自由行动"以及美、日、澳等国有可能进行的联合巡航等。中国仍需坚持早期磋商过程中曾提出的对域外国家的军事活动应加以限制，并参考国际实践提出合适的文本。涉及领土、海域争议的国际条约中，《南极条约》应是对军事活动的限制最为严苛和明确的。该条约以南极大陆的非军事化、维护科学考察自由和冻结领土主权三大目的为支柱。在第一条就明确了条约的宗旨，即南极应只用于和平目的，并明确规定一切具有军事性质的措施，例如建立军事基地、建筑要塞，军事演习以及任何形式的武器试验等均被禁止。而为了科学研究或其他和平目的而使用的军事人员和军事设备可使用。[①] 而1967年的《外空法》的第四条也有关于军事活动的具体规定，明确禁止在外层空间存储任何携带有核武器或其他大规模毁灭性武器的物品，或在外层空间、其他天体上部署这种武器，并禁止在天体上设立军事基地或者防御工事，进行任何的武器试验或者进行军事演习。但军事设施和装备可以用来进行科研或其他的和平目

---

① 1959年《南极条约》第一条："1. Antarctica shall be used for peaceful purposes only. There shall be prohibited, inter alia, any measure of a military nature, such as the establishment of military bases and fortifications, the carrying out of military manoeuvres, as well as the testing of any type of weapon. 2. The present Treaty shall not prevent the use of military personnel or equipment for scientific research or for any other peaceful purpose."

的。① 从南海整体情况来看，以《南极条约》和《外空法》的严格规定来限制军事活动和武器的使用并不现实，南海也无法成为科研基地，但相关具体表述可参考使用。

（五）"准则"的监督执行机制和争端解决的问题。避免依靠现有的东盟争端机制，考虑成立以中国为主导的"准则"执行委员会制度进行监督；明确此机制非争端解决机制。现有的东盟危机管理和争端解决机制主要有三个，《东南亚友好合作条约》（以下简称《条约》）设立的高级理事会、根据《东盟宪章》确立的东盟峰会和根据《东盟宪章争端解决机制议定书》设立的争端解决机制。这些机制的操作及细节不宜照搬。《条约》的高级理事会可以通过调停、调查或调解等方式与争端各方协商解决方案，但只有各方均同意时才可发挥作用。此外，《条约》并没有规定各争端方必须服从高级理事会的决定，也没有相应的处罚条款，所以至今从未有过解决争端的先例。根据《东盟宪章》，如果使用了高级理事会和各种机制后仍未能解决争端，可以提交东盟峰会进行评判。而2010年的《东盟宪章争端解决机制议定书》主要是处理不属于《条约》的高级理事会和东盟国家间贸易争端适用的《加强争端解决机制议定书》。一方面，从东盟发展的历史来看，上述各争端解决机制均未能发挥应有的作用，不能有效的解决争端；另一方面，启用上述机制可能会受到域外势力的干扰与影响，如

---

① 1967年外层空间法第四条："States Parties to the Treaty undertake not to place in orbit around the Earth any objects carrying nuclear weapons or any other kinds of weapons of mass destruction, install such weapons on celestial bodies, or station such weapons in outer space in any other manner. The Moon and other celestial bodies shall be used by all States Parties to the Treaty exclusively for peaceful purposes. The establishment of military bases, installations and fortifications, the testing of any type of weapons and the conduct of military manoeuvres on celestial bodies shall be forbidden. The use of military personnel for scientific research or for any other peaceful purposes shall not be prohibited. The use of any equipment or facility necessary for peaceful exploration of the Moon and other celestial bodies shall also not be prohibited."

美、日都是《东南亚友好条约》签署国。因此，考虑本地区对争端解决的认知和操作性，"准则"应另行成立监督执行机制，如"准则"执行委员会，中国应确保对执行委员会的掌控力。此外，也应明确此执行委员会的属性是政府间论坛还是国际组织，以及其决定是否具有强制约束力。目前来看，若性质是政府间高级论坛，则难免会变成像东盟地区论坛一样的难以进行实质性作为的机制；若从设计上贴近国际组织，则运行机构和职能将相对较"硬"。在确保机制由中国主导的情况下会较为于中国有利。

四、总结

"准则"一直被中国和东盟国家赋予成为管控南海危机的规则秩序的重要使命。从过去20年的"准则"和《宣言》磋商历史来看，每每谈判进入到实质性阶段，开始探讨涉及争议的核心问题时便陷入僵局。在即将开始的案文磋商阶段，这些问题仍将成为阻挠磋商进展的绊脚石。

接下来的磋商任重道远，中国应结合南海形势的发展，从未来五年的磋商目标，以及最终文本需要达成的目标两个方面进行思考。应该坚持中国积极参与磋商进程、明确利益目标，对于部分国家成为磋商中的主要对手要有所准备；也要考虑如何利用"准则"磋商消除仲裁裁决的负面影响。从长远来看，可以考虑视情适时增加观察员机制，建设成"排他性开放"的"准则"机制。对海空军事活动的限制性条款，也不应过于严苛，以免束缚自己的手脚。此外，应坚持"准则"的监督执行机制并非争端解决机制，并且避免依靠现有的东盟争端机制，应成立"准则"执行委员会制度进行监督。

合作管控南海争端　保护海底电缆通信

[印度尼西亚]哈约·布迪·努克洛赫（Haryo Budi Nugroho）[①]

|摘　要| 数十年来，南海地区争端不断发生。其中的多个核心争端涉及海洋地物的所有权与划界问题。这些争端应当由相关声索方自行处理。尽管解决这些争端的可能性相当低，这种解决方式也需要很长时间，[②]但重要的是，各声索方在尽最大努力解决这些争端时，要维持南海地区的稳定，要保护其他各方所享有的权利和其他合法利益。

本文将首先说明海底电缆的重要性，说明确保通信服务不间断所面临的诸多挑战。之后，将会探讨《公约》中关于海底电缆的条款，围绕海底电缆保护，提出可能合作的领域及路径，以便管控南海争端。

|关键词| 南海争端　海底电缆　合作

导　论

菲律宾根据《联合国海洋法公约》中规定的争端解决机制（以下简称

---

① 哈约·布迪·努克洛赫（Haryo Budi Nugroho），印度尼西亚外交官，目前就职于印度尼西亚总统特使办公室，负责海洋划界事务，系印度尼西亚大学法学学士，弗吉尼亚大学法学院法学硕士（LL.M.）、法学博士（S.J.D.）。原文为英文，由袁仁辉翻译成中文。

② 有关各声索方解决该争端可能性的讨论，例子可以参见哈约·布迪·努克洛赫："未来期间的南海争端解决与管控：仲裁裁决之后的分析"，《亚太安全与合作理事会展望：2017年》，第51—52页。

《公约》），①提起了针对中国的南海仲裁案，以挑战性的方式，掀开了南海争端解决历史的新篇章。自从菲律宾在2013年提起仲裁以来，中国一直采取的立场就是：不接受、不参与仲裁程序。中国还在2014年就南海仲裁案管辖权问题发表了它的立场文件。②这样，在中国没有出庭的情形下，仲裁程序继续进行。

然后，在2016年7月12日，仲裁庭公布了仲裁裁决。不出所料，对于该裁决，中国不予承认，并立即发表了题为《中国坚持通过谈判解决中国与菲律宾在南海的有关争议》的白皮书，重申了它在南海问题上的立场。③虽然仲裁庭既没有就涉案海洋地物的所有权做出裁决，也没有就海洋区域划界做出裁决，但它却裁定：在涉案南海地物之中，任何地物都不能拥有自己的专属经济区或大陆架。因此，在南海之中，除了一些海洋地物拥有12海里的周围领海之外，南海之中的其他海域要么是从大陆延伸出去的专属经济区或大陆架，要么是公海。

虽然中国的态度一直是不接受该仲裁裁决，菲律宾后来又将该仲裁裁决搁置一旁并与中国进行对话，④但该仲裁裁决仍然可能影响到其他声索方和声索国。⑤根据《国际法院规约》，国际仲裁机构的裁决是国际法的

---

① 《联合国海洋法公约》（UNCLOS），1982年12月10日通过，自1996年11月16日起生效，《联合国条约集》，第1833卷，第3页。

② 《中华人民共和国政府关于菲律宾共和国所提南海仲裁案管辖权问题的立场文件》，2014年12月7日，网址：http://www.fmprc.gov.cn/mfa_eng/zxxx_662805/t1217147.shtml。

③ 《中国坚持通过谈判解决中国与菲律宾在南海的有关争议》，2016年7月13日，网址：http://www.fmprc.gov.cn/mfa_eng/zxxx_662805/t1380615.shtml。

④ 例子可以参见"菲律宾搁置南海仲裁案裁决，不再将其强加于中国"，网址：https://www.theguardian.com/world/2016/dec/17/philippines-to-set-aside-south-china-sea-tribunal-ruling-to-avoid-imposing-on-beijing。

⑤ 例子可以参见新加坡外交部关于南海仲裁案裁决的评论，网址为https://www.mfa.gov.sg/content/mfa/media_centre/press_room/pr/2016/201607/press_20160712_2.html，以及澳大利亚呼吁遵守仲裁裁决、和平解决南海争端，网址为https://foreignminister.gov.au/releases/Pages/2016/jb_mr_160712a.aspx。

辅助性渊源。① 此外，该仲裁庭是《公约》争端解决机制下的仲裁庭之一，其所作裁决对《公约》的相关条款进行了解释。

目前，各声索方和南海沿岸的其他国家已经分成两派：一派不予理会该仲裁裁决，一派声称尊重该仲裁裁决。这种分歧成为在南海地区建立信任措施和管控其他争端的额外挑战，而要继续维持本地区的和平与稳定，信任措施的建立与其他争端的管控仍然具有重要作用。此外，原本预期的是，在《南海各方行为宣言》（以下简称《行为宣言》）达成之后不久，会达成一致的"南海行为准则"（以下简称"行为准则"）迟迟未能达成，也将因此而更难达成一致意见。②

面对这种情形，一种可能的解决方案是：找到一个从根本上讲没有受到仲裁裁决影响的合作领域，以便各方在这个领域中找到共同点、达成共识。也许，各个声索国都会认为这种办法会有用处。对此，现有的多种论坛，如"处理南海潜在冲突研讨会"或者中国—东盟框架，都可以用来讨论"行为准则"的设计问题。

一个可能的合作领域是海底通讯电缆的保护。③ 这些电缆跨越南海地区；对其进行保护符合所有国家的共同利益。

---

① 《国际法院规约》，1945年10月24日，《联合国条约集》，第33卷，第993页，第38条。

② 2002年通过了《南海各方行为宣言》。15年后，东盟与中国在2017年8月通过了"南海行为准则"框架。参见"东盟与中国通过'南海行为准则'框架，网址：http://www.thejakartapost.com/news/2017/08/06/asean-china-adopt-coc-framework.html。然而，距离真正的南海行为准则通过尚需很长时间。

③ 本文重点在于讨论南海中已经铺设之电缆的保护与维修。与海底电缆有关的其他活动，如电缆线路勘查、电缆铺设和电缆修复，不在此详细讨论之列。本文的关注重点是通讯电缆，既不包括海底电力电缆，也不包括用于勘探或开发活动、用于海洋科学研究活动的其他电缆。

一、南海中的海底电缆

在南海之中，除了广大公众讨论过的潜在自然资源以外，还有一点不应当忘记，即：南海在海底重大通信通道中的重要性。南海不仅是重要的航运通道，也是世界上最为重要的海底电缆线路通道，也是容易堵塞的海底电缆节点之一。① 后一事实经常为人们所忽略。

95%以上的国际通信中都通过海底电缆进行。② 越洋电话，更重要的是互联网，两者都通过海底电缆连接起来。对于全球通信来说，这些海底电缆至关重要。正如格林利夫和阿莫斯指出的那样，"网络空间以海底光纤电缆的物理形式存在，通过金融交易和信息传递，承载的交易价值甚至超过了海运货物贸易的价值"。③ 到2014年，海底电缆网络已经包括216个电缆系统，光纤电缆长度已经超过87万公里。④

国际社会，包括联合国大会，已经认识到了海底通讯电缆网络的重要性。在联大通过《联合国海洋法公约》的第66/231（2011）号决议的序言中就写道：

---

① 参见亚太经合组织（APEC）政策支持组，"海底电缆中断的经济影响"，德国电信亚太有限公司编写，2012年12月，网址：http://publications.apec.org/publication-detail.php?pub_id=1382，第32页。

② 利昂内尔·卡特等："连接世界的海底电缆与海洋"，联合国环境规划署（UNEP）世界保护监测中心（WCMC），生物多样性系列，第31卷，国际电缆保护委员会/联合国环境规划署/联合国环境规划署世界保护监测中心（2009），第8页。

③ J.格林利夫和J.阿莫斯："海洋新时代"，《美国海军学院学报》，2013年6月，第17页，引注者为格拉厄姆·伊万斯，宣读于水文服务与标准委员会第七次会议，釜山，韩国，2015年11月9—13日。

④ 《亚太安全合作理事会备忘录》，第24号，"重大海底通讯基础设施的安全与安保"，2014年5月，第1页，网址：http://www.cscap.org/index.php?page=memoranda。

> "确认海底光纤电缆传输全球大部分数据和通讯,因而对全球经济及所有国家的国家安全都极为重要……"

如果海底光纤电缆中断,只能通过一颗卫星,将一小部分数据改道发送。① 在全球范围内,人们对互联网都有着重大依赖,因而在实际上,从家庭、教育、商业到政府的几乎所有事情,都离不开海底光纤电缆。因此,一旦海底光纤电缆中断,所有国家和各利益攸关方都有必要参与进来,以便确保它能迅速恢复通信。

南海中的海底电缆网络直接连接着中国和八个东盟成员国,但不包括西临孟加拉湾、北接老挝的内陆国家缅甸。仅中国和东盟各成员国本身,人口总和就超过20亿。② 此外,南海海底电缆网络还是将东盟成员国和中国与印度、日本及澳大利亚连接起来的重要路线。这些电缆支持着这一超大数量人口生活的每一方面,其经济价值难以估量。

海底电缆网络一旦中断,其重要性将更加突出。历史上最为著名的互联网中断事件发生于2006年,起因是台湾地区地震损坏了海底光缆。该地震震级为里氏7.0级,26根电缆出现故障,11艘维修船舶参与了抢修任务,历时26天才告完成。③ 据报道,在维修期间,台湾地区的国际长途电话容量锐减40%,台湾地区与马来西亚、新加坡、泰国和香港地区之间的

---

① 例如,如果进出美国的所有越洋电缆都中断了,在使用一颗卫星的情形下,仅有7%的国际通讯可以恢复;参见道格拉斯·R.伯内特,"就加入《联合国海洋法公约》和批准其第六部分的1994年协定在美国参议院外交委员会上的作证",2007年10月4日,第2页,网址:http://www.virginia.edu/colp/pdf/BurnettTestimony071004.pdf。

② 该数值为东盟各成员国与中国的人口总和;其中,各单个国家的人口数额来源于世界银行数据(2016年),网址:https://data.worldbank.org/indicator/SP.POP.TOTL?page=1。

③ 利昂内尔·卡特:"自然灾害导致的电缆中断:灾害发生、灾害趋势与案例研究",宣读于国际电缆保护委员会国际法中心关于海底电缆保护的研讨会,新加坡,2011年4月14—15日,网址:http://cil.nus.edu.sg/wp/wp-content/uploads/2011/04/Session-1-Lionel-Carter-CIL_Natural Hazards2011_LC.pdf。

通信完全中断。① 总的来说，南海地区自然灾害发生的机率很高，可能对海底电缆构成威胁。②

根据对电缆所有人进行的一项调查显示，电缆中断大多因为船舶抛锚、捕鱼工具或者疏浚活动所致。③ 海底电缆大多远离海岸，铺设在洋底表面之上，而不是埋设在洋底之下。因此，即使是外部轻微的人为作用，也可能干扰其连接状态。

海底电缆及其维修维护船舶还容易受到盗窃、武装抢劫或海盗的影响。④ 2007年，就发生了一起影响广泛的电缆盗窃事件：在泰国—越南—香港地区（THV）越洋电缆和亚太海底电缆（APCN）中，被盗窃的电缆长度分别达到98公里和79公里。⑤ 此外，到目前为止，虽然还没有发生针对海底电缆的任何恐怖活动，但鉴于海底电缆的战略价值，针对它的恐怖活动仍然有可能发生。⑥

毫无疑问，鉴于海底电缆网络的重要性，特别是南海海底电缆的重要性，以及海底电缆受损、破坏国际通信的危险，进行国际合作，保护这个至关重要的通讯通道，符合所有国家的利益。

---

① 全球海底电缆通讯基础设施可靠性会议论文：研究与全球峰会报告，2010年，第1期，第173—174页，引注者为基思·福特-拉姆斯登和道格拉斯·伯内特，"海底电缆维修与维护"，《海底电缆法律与政策指南》，道格拉斯·R.伯内特、罗伯·C.贝克曼和塔拉·M.达文波特（编），2014年，第170页。

② 参见，利昂内尔·卡特："海底电缆与自然灾害"，《海底电缆法律与政策指南》，同前注，第242—247页。

③ 道格拉斯·R.伯内特："电缆修复船舶因第三人损坏海底电缆所受损失的追回问题"，《杜兰海事法律杂志》，第35期，第103—124页（2010年），第104页。

④ 迈克·格林和道格拉斯·伯内特："对从事电缆作业之船舶的保护"，《海底电缆法律与政策指南》，同前注，第233页。

⑤ 迈克·P.格林和道格拉斯·R.伯内特："国际海底电缆基础设施的安保问题：再思考时刻的到来？"《海事安保面临的法律挑战》，迈伦·努德奎斯特、吕迪格·沃尔夫鲁姆、约翰·诺顿·摩尔和克罗曼·朗（编），2008年，第559页。

⑥ 参见 S.凯："保护石油平台、管道与海底电缆免遭袭击的国际措施"，《杜兰海事法律杂志》，第31期，第337—423页（2006—2007），第418页。

二、《联合国海洋法公约》中关于领海之外海底电缆的规定

为了保护南海的海底电缆,就有必要讨论《公约》中有关专属经济区和大陆架的规定以及这些制度的发展背景。进行这种讨论的基础性事实是:在南海各声索国家之间的诸多争论之中,最为主要的争论就是,南海之中的争议地物是否能够形成它们自己的专属经济区或大陆架。

《公约》是规定缔约国在海洋方面权利与义务的框架性公约。对于不同海洋区域的不同人类活动,它都规定了不同的条款。例如,通常认为,在领海或群岛水域以外的海洋区域铺设海底电缆是公海自由的表现,这种自由也适用于专属经济区和大陆架。这些制度的发展历史说明了:沿海国家为什么想控制那些之前被认为是公海的海洋区域。

大陆架制度的发展史

大陆架制度起源于美国的单方面行为。1945年,美国时任总统哈里·S.杜鲁门宣称:

> "……美国政府认为,在公海之下并与美国海岸毗连的大陆架上,其海底及其底土之上的自然资源属于美国所有,受美国管辖和控制。"[①]

这个声明就是后来众所周知的"杜鲁门宣言"。其他国家纷纷仿效,但声索的具体内容不尽相同。

---

① 第2667号声明,"关于大陆架底土及海底上自然资源的美国政策",1945年9月28日。

从时间上看，本处关于沿海国家大陆架权利的讨论上迄杜鲁门宣言出台的1945年，下至第一次联合国海洋法会议，直到后来缔结《大陆架公约》的1958年。该公约规定，本条款称"大陆架"者谓：

（a）邻接海岸但在领海以外之海底区域之海床及底土，其上海水深度不逾200公尺，或虽逾此限度而其上海水深度仍使该区域天然资源有开发之可能性者；

（b）邻接岛屿海岸之类似海底区域之海床及底土。①

这个定义的关键之处是"其上海水深度仍使该区域天然资源有开发之可能性"。该条款并没有明确限定大陆架的外部界限。技术迅速发展后，对于整个海底的开发成为可能。这一问题在后来召开的第三次联合国海洋法会议上缔结之《海洋法公约》中得到解决。《公约》规定，除大陆边外缘扩展到200海里并满足《公约》所定特殊标准的情形外，大陆架的外部界限不得超过200海里。即使规定了这种例外情形，《公约》还是规定，大陆架的外部界限最宽不得超过350海里。②

专属经济区制度的发展史

与此同时，在1971年召开的亚非法律协商委员会会议和1972年召开的海底委员会会议期间，肯尼亚提议设立专属经济区。③在最初，沿海国声索专属经济区的主要目的在于获得渔业资源，而这往往是远洋捕鱼船队

---

① 《大陆架公约》，1958年4月29日通过，1964年6月10日生效，《联合国条约集》，第499卷，第311页，第1条。
② 参见《联合国海洋法公约》，同前注，第76条。
③ 参见R.R.丘吉尔和A.V.洛，《海洋法》，1999年，第160页。

所需要的。之后，专属经济区这一概念发展起来，还涵盖了对于水体及其水面的经济用途，如对于海上风车的开发。专属经济区的外部界限也选择了200海里这个数字，其原因就是人们认为，在这一界限之内，包括了世界范围内90%以上的现阶段可以进行商业捕捞之鱼类资源、约80%的已知石油储量和10%的锰结核。①

在这种背景下，随着1973—1982年间第三次联合国海洋法会议谈判的进展，缔结了《联合国海洋法公约》，在各种海洋相关利益方面达成了一揽子协议。《公约》确认了沿海国家对于专属经济区内和大陆架上自然资源的利益，但其他国家，无论是否为内陆国家，在公海上的自由也得到确认。这种平衡的结果产生了《公约》中规定的实用性做法。

《联合国海洋法公约》中关于专属经济区和大陆架的规定②

在专属经济区内，沿海国对水体及其海洋表面拥有主权，有权对其中的自然资源进行勘探、开发、保护和管理，包括对于该区域进行经济用途的开发和勘探，对相关人工岛屿、设施和结构拥有管辖权，进行海洋科学研究，保护和保全海洋环境。③

本着同一精神，《公约》规定，只要满足关于专属经济区的诸项条款规定，其他国家也在专属经济区内享有第87条规定的诸项公海自由。这些自由包括：铺设海底电缆的自由，以及与这些自由有关的海洋其他国际

---

① 同上，第162页。不过，还需要提及的是，在最初，确定200海里宽度是一个偶然事件。智利首先提出这个宽度，意在迎合其本国国内捕鲸业的利益。不过，该国捕鲸业希望的宽度仅仅为50海里。

② 关于《联合国海洋法公约》条款和海底电缆一般法律制度的更多讨论，参见哈约·布迪·努克洛赫："海底电缆法律制度"，弗吉尼亚大学法学院2013年（博士学位论文）。

③ 《联合国海洋法公约》，同前注，第56条。

合法使用①（含电缆维修与电缆维护的自由）。②

《公约》还就大陆架作了若干类似的规定。对于大陆架，沿海国家享有主权权利，可以勘探和开发大陆架海床及其底土中的自然资源和属于定居种的生物资源。③因为沿海国对于大陆架的权利与海底有关联——无论是否铺设有海底电缆——《公约》就此做出了进一步的规定。

虽然《公约》强调，各国可以自由地在大陆架上铺设海底电缆、进行电缆的维修与维护，但《公约》中也有若干条款，就确保沿海国家在大陆架上的合法利益得到保护做出了如下规定：

1. 沿海国有权采取合理措施，对大陆架进行勘探，或者开发大陆架上的自然资源。除此以外，沿海国不得妨碍他国在大陆架上铺设和维修海底电缆。

2. 如果海底电缆进入沿海国的领土或领海，沿海国有权为电缆的铺设、维修与维护设定若干条件。

3. 缔约国在铺设海底电缆时，应当妥为顾及大陆架上的已有电缆和管道，包括可能需要维修的现有电缆或管道，不得使它们受到损害。④

无论如何，对于与大陆架勘探、大陆架上自然资源开发或者与其管辖范围内人工岛屿、设施和结构有关的电缆建设与电缆使用，沿海国都有管

---

① 同上注，第58条。
② 道格拉斯·伯内特、塔拉·达文波特和罗伯·贝克曼："规制海底电缆的国际法律制度概览"，《海底电缆法律与政策指南》，同前注，第79页，引用R.贝克曼："海底电缆：紧要关头方显重要性但却常常受到忽视的海洋法领域"，会议论文，宣读于印度国际法学会关于海洋、空中、太空和南极洲法律制度的第七次国际会议，2010年1月15—17日。
③ 《联合国海洋法公约》，同前注，第79条。
④ 《联合国海洋法公约》，同前注，第79条。

辖权。

从《公约》中的专属经济区条款和大陆架条款可以看出,在这两个海洋区域内的海底电缆铺设、维修与维护活动,通常都被认为是公海自由的一部分。因此,除了必须确保海底电缆利益不与沿海国对专属经济区和大陆架的权利及管辖权相冲突之外,国际法规则之间在海底电缆的规制方面并无重大差异。基于此,南海沿岸国之间相互合作,保护海底通讯电缆,就可以成为管控冲突、建立信任的一个选项。

在现有的南海各海底通讯电缆之中,没有一条电缆的登陆地点涉及争议地物。此外,只有少数几条电缆穿越了一些争议地物的12海里外部界限,但它们都与相关地物之间有着相当长的距离。[①] 即使在这些情形下,仍然有一个问题:这些地物是否有权单独拥有它们自己的海洋区域,或者它们仅仅是没于水下的地物,或者是不能拥有领海的低潮高地。

三、各国合作保护海底电缆

政策目标

在提议各国相互合作、保护海底电缆时,重要的是要记住,海底电缆保护的主要目标是通信畅通。同样重要的是,这种合作不会与海洋中的其他合法利益相冲突。事实上,《公约》在其序言部分指出:

> "认识到有需要通过本公约,在妥为顾及所有国家主权的情形下,为海洋建立一种法律秩序,以便利国际交通和促进海洋的和平用途、海洋资源的公平而有效的利用、海洋生物资源的养护以及研

---

① 对国际电缆保护委员会国际电缆法顾问道格拉斯·R.伯内特的采访,以《国际电缆保护委员会提供的争议海洋边界声索区域的海底电缆海图汇编》为基础,2017年9月15日。

究、保护和保全海洋环境。"

麦克杜格尔和伯克在他们的作品中详尽阐述后认为：海洋利益是普遍的共同利益。[①] 共同利益包括权力、财富和福利；它们诱发了多种海洋利益；这些海洋利益转化成特定的用途，如捕鱼、采矿、航行、通讯/海底电缆及相关利益。

麦克杜格尔和伯克还进一步将共同利益区分为排他性使用和包容性使用两种。在排他性使用的情形下，利用海洋资源的仅限于获得授权者；在包容性使用的情形下，利用海洋资源的可以是有兴趣的任何一方。

通常情形下，领海或群岛水域以外的海底电缆属于对海洋的包容性使用。典型情形下，海底电缆的存在不会影响与海洋有关的其他活动。与可用的广阔海洋空间相比，海底电缆所占空间非常有限，不会有地方因为空间不足而无法铺设海底电缆。因此，除了海底电缆所受威胁引发的挑战以外，各条海底电缆之间实际上没有竞争性的利益冲突。

如上所述，对于领海或群岛水域以外的海域，各国均可自由铺设、自由维修海底电缆。这种自由只受到一个限制，即：该国必须"妥为顾及"沿海国在专属经济区和大陆架上的各种利益。另一方面，在专属经济区内和大陆架上，沿海国在行使权利时，只能采取"合理措施"。

南海各沿岸国在进行合作、保护海底电缆时，应当以此为出发前提。同时，最重要的是，这种合作应当以《公约》为根据。

---

① 参见迈尔斯·S.麦克杜格尔和威廉·T.伯克：《海上公共秩序：当代国际海洋法》，1962年，第1—2页。

切实执行《公约》中有关针对海底电缆的违法行为、赔偿船舶挂锚和捕鱼工具致损所受损失的条款

在"公海"一章中,《公约》规定了若干条款,对海底电缆进行保护。对于每一个缔约国,《公约》都施加了通过法律和规章进行如下保护的义务:

——规定:悬挂该国旗帜的船舶或受其管辖的人,其任何作为或不作为,只要破坏或者能够破坏、损害或者能够损害公海海底电缆,均为应予处罚的罪行。这一规则有一个例外,仅适用于以下情形:为了保全自己的生命和船舶,且采取了避免破坏或损害的一切必要预防措施。①

——规定:海底电缆所有人在公海对他人电缆造成破坏或损害的,应当负担修理的费用。②

——规定:对于因为避免损害海底电缆而使挂锚或渔具而受到的损失,船舶所有人应予赔偿。③

然而,并非所有国家,包括南海沿岸国,都制定了国内法,以便有效执行《公约》。此外,并非每个国家都修订了其国内规章,以便对于损害海底电缆的行为给予刑事处罚,因而没有在国内法上形成必要的威慑力。在极端情况下,对于破坏或者损害海底电缆的行为,如果一些国家没有基本规章将其犯罪化,盗窃电缆也可能成为一个问题所在。

---

① 《联合国海洋法公约》,同前注,第113条。
② 同上,第114条。
③ 同上,第115条。

另一方面,并非所有国家都制定了有效而切实可行的程序,以便用来处理因为避免损害海底电缆而使挂锚或渔具受损所提出的赔偿要求。《公约》中规定该条的目的在于:创设一个激励机制,鼓励渔民和其他船舶在遭遇海底电缆时,牺牲自己的挂锚或渔具。如果这样,与电缆维修所需的费用相比,与电缆中断所造成的经济灾难相比,其赔偿额将会小得多。由于并无把握会获得这种赔偿,对于渔民和其他船员来说,优先努力保全他们自己的挂锚或渔具,才是唯一理性的选择。

为了在国内法上形成必要的威慑力,为了给渔民和船员提供足够的激励机制,各国之间应当制定一个基准条件:在牺牲挂锚或渔具时,应当处以何种数额的罚款,应当给予何种最低数额的赔偿。仅对一条电缆进行维修,其花费就可达100万—300万美元;影响其具体数额的多种因素包括:故障发生位置、电缆受损长度、天气因素和有关国家的许可。[①] 如果情况严重,如2007年维修泰国—越南—香港地区(THV)越洋电缆和亚太海底电缆(APCN)时,其花费就超过720万美元。[②]

南海是一个半封闭的海域,有着一个区域性的通讯网络系统。南海沿岸各国需要统一行动,有效执行《公约》中关于海底电缆保护的有关规定,以便堵住惩处盗窃或损害海底电缆无所依据的法律漏洞。

南海沿岸各国可以利用现有机制,如印度尼西亚赞助的处理南海潜在冲突研讨会,讨论对于《公约》的有效执行问题,进行合作,在这件事情上找到最佳做法。

在1982年《联合国海洋法公约》和1958年通过的四个日内瓦海洋法公约之前,有一个公约,即1884年《保护海底电缆公约》,就海底电缆做出了特别规定。东盟各成员国或南海沿岸各国都不是该公约的缔约国。该公

---

① 同前注,第108页。
② 同前注,第560页。

约中规定的诸个原则，虽然不是全部，但也大部分纳入了1982年《联合国海洋法公约》之中。不过，该公约之中，关于对挂锚致损进行赔偿的规定，关于对与电缆有关之违法行为进行控告的规定，都没有纳入1982年《联合国海洋法公约》。① 南海沿岸各国在讨论时，可以该公约为起点，在国内法上制定若干基本规章，以便规制与电缆有关的违法行为及赔偿事宜。②

在海底电缆网络监管与保护方面进行合作

南海地区水域广阔。要监管这一大片海域，特别是要监管这大片海域中发生的电缆盗窃行为或者恐怖袭击，各国必须进行合作。

联合国在多个文件中，也强调了相互合作在保护海底通讯电缆方面的重要性。例如，它在联合国大会第66/231号决议执行部分第124段指出：

> 在保护和维护海底光纤电缆方面，鼓励各国与有关区域性及全球性组织，通过研讨会和专题讨论会的形式，加强对话与合作，促进此种至关重要的通信基础设施的安保；③（联合国官网上该决议的中文版语句不顺，有改译——译者注）

南海沿岸各国可以继续利用"处理南海潜在冲突研讨会"这个场合，讨论对于海底电缆的监管和保护。此外，它们可能还需要考虑的是，尽快

---

① 关于1884年公约的更多讨论，参见"海底电缆法律制度"，同前注，第54—60页。
② 例如，在最佳实践选项方面，南海沿岸各国可以在国家层面执行《联合国海洋法公约》的有关规定；参见同上，第279—293页；也可参见亚太经合组织研讨会，"最佳实践指南：促进海底电缆修复用快速研讨会调查表"，草案版（存档于国际电缆保护委员会），印度尼西亚，巴厘，2013年10月15—16日，最后版本提交者为赞助国，报告者为澳大利亚政府，供亚太经合组织审议。
③ 联合国，联合国大会通过的关于海洋法律和政策的第UNGA A/RES/66/231号决议，2011年12月24日。

制定"行为准则",以便据此在南海海底电缆的监管与保护方面进行合作。

《行为宣言》通过后,南海沿岸各国可以此为基础,相互合作,对南海地区的海底电缆进行监控与管理。这可以成为《行为宣言》各方建立信任与信心的路径之一。①

在《行为宣言》中,各方都额外承诺:要相互合作,通报有关情况;② 要在海上航行安全与通讯方面,③ 在打击——包括但不限于打击毒品走私、海盗和海上武装抢劫以及军火走私的——跨国犯罪方面,进行合作。④ 这些条款规定的合作都受到领土争端解决及管辖争端解决的影响。

南海沿岸各国还需要考虑的是,制定区域性紧急事件应对预案,以便处理海底电缆重大中断事件。⑤ 为此,可以先行调研,搁置南海领土争端的敏感性,使其成为区域合作的上佳选择。

以此为基础,南海沿岸各国也许需要考虑若干技术性合作倡议,其内容可以包括:

1. 相互合作,就可能对电缆造成损害的自然灾害交换信息,允许其他国家预先到达最有可能进行电缆维修的位置。

2. 相互合作,就可能损害电缆的可疑行为交换信息,以便采取预防措施。

3. 相互合作,对执行维修与维护活动的船舶进行保护。

---

① 参见东盟与中国《南海各方行为宣言》,2002年11月4日;其第二条规定:"各方承诺根据上述原则,在平等和相互尊重的基础上,探讨建立信任的途径。"
② 同上,第5条第4款。
③ 同上,第6条第3款。
④ 同上,第6条第4款。
⑤ 参见亚太安全合作理事会第24号备忘录,同前注,第3页;也可参见前注,第582—583页。

特别是对于上述第三点，南海沿岸各国还需要考虑的是，它在1972年《国际海上避碰规则公约》（以下简称《避碰规则公约》）下的义务。该公约规定了若干规则；船舶在其航行期间，为了安全需要，必须遵守这些规则。

《避碰规则公约》明确规定，船舶在进行与海底电缆有关的活动时，包括在进行电缆维修时，在类别上归于"操纵能力受到限制的船舶"。[①] 它将"操纵能力受到限制的船舶"定义为"由于工作性质，使其按本规则条款的要求进行操纵的能力受到限制，因而不能给他船让路的船舶"。[②]《避碰规则公约》规定，各类船舶，无论是机动船、帆船、还是渔船，都必须给操纵能力受到限制的船舶让路。[③] 因此，南海沿岸各国也许需要考虑的是，相互合作，以便确保《避碰规则公约》的各项规定得到正确执行，从而保证电缆维修船舶的安全。

《联合国海洋法公约》也规定了闭海或半闭海沿岸国的义务。[④] 根据《公约》要求，闭海沿岸国或半闭海沿岸国"在行使和履行本公约所规定的权利和义务时，应互相合作"。这种义务可能包括对于海底电缆网络的保护。

所有这些合作倡议都应当不偏不倚。各国在进行海底电缆监管与保护的各种活动时，都不得损害对于争议海洋地物的现有声索，或者不得妨碍声索方为解决争端正在进行的努力。

[①] 《国际海上避碰规则公约》（COLREGs），1972年10月20日通过，1977年7月15日生效；《联合国条约集》，第1050卷，第8页，规则第3条第7款第1项和第2项。规则第3条第7款修改于1981年，意在说明："操作能力受到限制的船舶"中所列清单并未穷尽；参见A.科克罗夫特和J.F.拉梅耶：《避碰规则指南》，2012年，第7版，第8页。

[②] 同上，规则第3条第7款。

[③] 同上，规则第18条，第1、2、3款。

[④] 参见《联合国海洋法公约》，同前注，第123条。

南海沿岸各国与电缆产业的合作

为了确保通讯不致中断，协同工作符合所有国家和电缆产业的最佳利益。在这些国家和电缆产业之间达成谅解具有重要意义。南海沿岸各国需要确保它在安全与资源等方面的合法利益，需要确保这些利益不因与电缆有关的活动而受到危及。另一方面，电缆产业也必须确保的是，可以进行快速维修，以使通讯恢复不致延迟。在诸多因素之中，许可证取得过程的长短是造成维修迟延的因素之一。因此，在进行电缆维修时，需要国家力量的介入。

可以理解的是，南海沿岸各国要求与电缆有关的活动需要取得许可证的做法，与它们的利益之间没有冲突，其原因就在于：它们想知道这些活动会产生什么样的结果。有时，取得许可证的过程过长，就会造成重大迟延。对于这些维修维护活动，电缆所有人相对豪爽：只要有关国家提出要求，他们就愿意共享有关信息。① 此外，如上所述，在领海或群岛水域以外的海域进行海底电缆维修时，不需要取得许可证。②

因此，对于电缆产业和南海沿岸国家来说，重要的是需要有一个沟通平台，以便它们更好地了解彼此的想法，就如何改进海底电缆保护交换意见。③ 这些国家可能需要考虑的是，要邀请电缆所有人和电缆产业的利益攸关者在适当的情形下——如参加"处理南海潜在冲突研讨会"——参与到这类沟通中来。

对于南海沿岸各国政府来说，另外一个选项就是参与电缆产业举办

---

① 基思·福特-拉姆斯登和道格拉斯·伯内特："海底电缆维修与维护"，《海底电缆法律与政策指南》，同前注，第171页。
② 参见"海底电缆法律制度"，同前注，第245—246页。
③ 关于促进政府与电缆产业之间形成良好关系的讨论，参见同上，第308—310页。

的论坛活动。国际电缆保护委员会（ICPC）就是一个国际性的非政府论坛组织，其成员包括电缆制造商、电缆船舶产业和电信公司。[①] 该委员会已经对其会员资格进行了修改，允许政府机构以会员身份参加它们的会议。[②] 对于南海沿岸各国和电缆产业来说，该论坛也将会是一个很好的沟通场合。

四、结语

从很多方面来说，南海都具有非常重要的战略价值。无论领土争端的情形如何发展，对通讯通道来说，该水域所具有的战略价值都具有重大意义。从严格意义上讲，在维护本地区的和平与稳定方面，在保护所有各方——包括政府与私营部门的——通讯利益方面，南海都具有重要地位。

南海沿岸各国相互合作，保护海底通讯电缆，可以作为南海争端管控方法的一个选项。与此同时，这种合作不会直接涉及领土争端或者涉及各国对于仲裁裁决的不同立场，因而这种合作可以达成一个基本目标：保护海底电缆网络，保证通讯不致中断。不管其他冲突的情形如何发展，这个目标都肯定是符合所有各方、包括相互竞争之各声索国的最佳利益的。

鉴于本地区经济发展的巨大潜力，海底电缆通讯的地位将会日益重要。现在，需要南海沿岸各国，包括各声索国，一起保护南海海底通讯电缆；此种保护也符合所有人的最佳利益。

---

① 关于国际电缆保护委员会的更多讨论，参见"海底电缆法律制度"，同前注29，第135—139页；也可参见国际电缆保护委员会官方网站 www.iscpc.org。
② 目前，国际电缆保护委员会的政府会员包括澳大利亚司法部和美国海军；有关会员名单的最新名录，参见国际电缆保护委员会的官方网站。

南海资源与环境

太平岛的争议与南海珊瑚礁保育策略

郑明修[①]

| 摘 要 | 有鉴于菲律宾于2013年就中菲南海有关问题提起仲裁,临时仲裁庭2016年7月12日裁决支持菲律宾所提出主张,出乎预期之外,太平岛却中箭,认定南沙群岛没有岛,将太平岛降级为"太平礁",完全忽略岛上有淡水井和适合人居,为实质的自然岛,而且岛周围珊瑚礁生长茂盛,海洋生物资源多样丰富。

南海是全球重要渔场之一,在历经数十年毫无限制的捕捞后,大多数岛礁的渔业资源早已枯竭,同时珊瑚礁生态系也面临崩解。根据本人于1994年在太平岛的潜水调查结果,发现海底几乎无大型贝类如巨砗磲贝和龙虾的踪迹,同时大型鹦哥鱼和石斑鱼亦属罕见。尔后2002年、2004年、2014年和2017年,本人组团队再度潜水调查发现珊瑚礁生态状况比1994年好很多,不但珊瑚群体较硕大也较健康,鱼群也增多不少。其中珊瑚礁指标鱼种石斑鱼和蝶鱼数量较多,大型鱼类如鲹科、龙王鲷、裸鰆、鲨鱼等都可以见到。尤其绿蠵龟经常出现在太平岛周边水域,也记录到海龟的繁殖行为,显示自从中国台湾"海巡署"在2000年接管太平岛后,在巡护保育下,让太平岛成为很多海洋生物的庇护所。东沙环礁国家公园已于2008年成立,台湾已在南海北方为海洋资源永续付出一份心力,未来期望

---

① 郑明修,中国台湾"中央"研究院生物多样性研究中心研究员。2007年获日本琵琶湖生态学赏;2015年获国家地理杂志华人探险家奖。

再将太平岛周围或南沙群岛部分海域划设水产资源保护区，成为世界共同的自然遗产，来保护珊瑚礁资源。

|关键词| 南海　太平岛　珊瑚礁　保育

一、南海风云再起

2016年7月12日"南海仲裁案"结果宣布后，造成巨大的国际风波，起因于2013年，菲律宾阿基诺三世政府对中国提出仲裁诉讼，中国拒绝参与临时仲裁庭，但是仲裁庭裁决的结果，几乎完全支持菲律宾所提出的主张，并且宣告中国在1996年正式承认《联合国海洋法公约》时，就放弃了任何基于历史所主张权利的可能。当然中国表示不接受仲裁庭的裁决，也采取"四不"政策：不接受、不参与、不承认、不执行。台湾原本隔山观虎斗，但是太平岛却中箭，出乎预期之外，因为仲裁认定南沙群岛没有岛，还乱取证太平岛没有淡水，不适人居，将太平岛降级为"太平礁"。

原来大国的政治角力可以改变自然物的认定，例如日本将太平洋的冲之鸟"礁"变成冲之鸟"岛"，宣告拥有周围200海里经济海域，十多年来把露出水面的两块珊瑚礁不断扩大建设，积极扩建成"岛"。菲律宾宣称拥有南海东北边的"民主礁"，也只是潟湖内的两块露出水面，面积不到4平方米的珊瑚礁石，过去称为"黄岩岛"，然而黄岩岛属于中国传统领域，显然"南海仲裁案"是美国和菲律宾一起合谋，以此宣告菲律宾拥有200海里经济海域，而且远离南海一万多公里的美国也宣称拥有南海航行自由权和空权，并且否定U形线内的海权和主权。有趣的是，菲律宾总统杜特尔特一上任马上宣布搁置南海争议，《马尼拉时报》甚至有报道主张菲律宾应要求美国买单3000万美元的仲裁费用,[①] 原来五名仲裁员是有价服务,菲律宾不想付了。

南海面积约360万平方公里,在环境资源、经济、航运和军事上极具重要性。每年透过这一片海域进行国际贸易航运往来约5.3兆美元。这里的生物多样性几乎比地球上其他海洋生态系都丰富,渔产更提供了食物和工作机会给周边国家。如果不小心变成军事冲突,美国和中国可能会卷入其中,这就是南海主权争议风云再起,引起全球关注的主要原因。

二、太平岛是南沙群岛最大的自然岛毋庸置疑

南沙群岛均属珊瑚礁岛,太平岛也不例外,是经由千百万年来无数的珊瑚虫造礁形成碳酸钙遗骸累积而成。根据地质钻探,发现太平岛地下的珊瑚礁岩层至少有500米厚,显示太平岛珊瑚礁的生成年代可能在中新世(530万年前),在适合的海洋环境中形成珊瑚礁体。太平岛位于郑和群礁西北边,南北长约1289米,宽约366米,面积约0.51平方公里,海拔高度只有2.8米,四周为环形的珊瑚裙礁(图1)。岛上之土壤均为珊瑚礁风化所形成,富含石灰质,再加上腐败植物及鸟粪之堆积,呈黑褐色,极为肥美,因此岛上植物生长十分良好,虽然2008年在岛中央完成盖机场跑道工程毁掉不少植被,不过百年老树仍有数十棵存在(图2)。

目前岛上仍有十口井,其中第5号(图3)和第10号井水经检测属于可饮用的淡水,这表示淡水成为太平岛人类可以居住的重要因素。尤其早期没有海水淡化能力,日本人曾占领它,在太平岛盖渔业加工厂,岛上工

---

① 《菲媒体称菲支付"南海仲裁案"律师费3000万美元》,2016年7月15日,http://news.xinhuanet.com/2016-07/15/c_1119225545.htm,以及《"起底临时仲裁庭"之四:给仲裁案算笔账》,2016年7月18日,http://news.xinhuanet.com/2016-07/18/c1119237729.htm。

图1　太平岛四周为珊瑚裙礁所环绕。

图2　太平岛植被仍很茂密，除了椰子树最多外，百年老树仍有数十棵。

图3　太平岛上第5号井水属于淡水，可供人饮用。

人就是依靠井水过活。1945年中华民国派太平舰接收本岛后，设立"渔民服务站"，以示防守疆土的决心，至今持续经营本岛72年，已算是南沙群岛中由中国台湾实质掌控的自然岛。

最早到太平岛调查海洋生物资源和渔业资源的是"行政院"农业委员会水产试验所杨鸿嘉先生，于1961年调查南沙群岛的鱼类相。甚至在1973年间，澎湖渔民透过"行政院"退除役官兵辅导委员会申请到南沙群岛捕捉海龟，每月可捕得数十只，显示出当时海域生物资源十分丰富。尔后有中研院张昆雄（1982年）、农委会计划（1994年）、营建署计划（2009年、2014年）等。本人有幸于1994年首次前往太平岛潜水调查研究海洋生物资源现况，接着2002年、2004年、2015年和2017年共五次亲自前往，累计各团队调查成果，目前共记录到鱼类464种（图4）、珊瑚类221

图4　金带拟须鲷（Mulloidichthys vanicolensis）在太平岛沉船区常可见成群巡游觅食。

图5　在太平岛水深15米以浅，以石珊瑚种类分布为主，当前记录已超过200多种。

种（图5）、海藻类54种、甲壳类动物53种、软体动物类99种、棘皮动物39种、海龟1种……从1999年太平岛由海军陆战队转换成"海巡署"驻防后，特别加强海上巡防和重视生态保育，执行驱离外籍作业船只，海底生态资源变好，例如绿蠵龟已列入保育类野生动物，近几年每年都有40—50只绿蠵龟上岛产卵，本人在岛四周海域潜水调查时都可以在海底看见海龟栖息（图6），显示其族群数量已日渐稳定成长，可谓保育有成。

图6　每次潜水调查都可看到绿蠵龟在太平岛四周海域栖息。

三、南海渔场消失的危机

南海另一项事态很严重，但又较少受到关注的威胁是：渔业过度捕捞。南海是全球最重要的渔场之一，超过370万人在这里谋生，每年创造的产值达数十亿美元。在历经数十年来毫无限制的捕捞后，鱼群正在减少当中。过去，中国台湾在东沙环礁和太平岛海域都只有执行驱离越界捕鱼，无法对水产资源进行有效管理。这样会让那些依赖南海渔产的发展中国家，在粮食安全和经济成长方面也面临威胁。

众所周知香港人对高价海鲜品的消费力世界第一，40多年前香港渔船即开始捕捞南海的鱼虾贝类，接着是海南省、广东省渔船在南海大肆捞捕，尤其是生长在珊瑚礁海域的各种石斑鱼、龙王鲷（俗称苏眉鱼）、龙虾和大型贝类（砗磲贝、大法螺、马蹄钟螺）等。如今南海及东南亚海域的高经济价值的海鲜种类，都已濒临枯竭。根据本人于1994年的潜水调查结果，发现太平岛海底几乎已无大型贝类如巨砗磲贝和龙虾的踪迹，同时大型鹦哥鱼和石斑鱼亦属罕见。2002年和2004年再度潜水调查发现珊瑚礁状况比1994年好很多，不但珊瑚群体较硕大也较健康（图7），鱼群也增很多（图8）。其中珊瑚礁指标鱼种石斑鱼和蝶鱼数量较多，其他大型鱼类如鹦哥鱼、石鲈、鲨鱼等也再次出现。在底栖无脊动物方面，龙虾、马蹄钟螺、菱砗磲贝等在数量上都有增多现象。尤其绿蠵龟经常出现

图7　太平岛北侧礁崖下水深25米凹洞内有巨大桶状海绵。

图8　在太平岛海崖边常可见乌尾冬鱼群穿梭觅食。

在太平岛南边水域，也记录到海龟的繁殖行为，显示自从"海巡署"接管太平岛后，在巡护保育下，让太平岛成为很多海洋生物的庇护所。

其实南海主权争议也使各国渔民的竞争白热化，渔业资源枯竭的现象加剧了主权争议，现今已造成部分海域的鱼类族群数量还不到60年前的十分之一，这有可能是全球有史以来最严重的崩毁事件之一。当沿海水域的渔产耗尽时，许多渔民就会冒险越过国家界线，进入有争议的海域谋生。未来在南沙群岛海域资源的复育可以成为大陆方面的重点工作，毕竟各岛屿工程已完成，人力设备布署后即有海域执法能力，配合海洋科研调查，设立海洋研究站，划设海洋保护区，使南海珊瑚礁生态复育，成为大陆在地球村环保上的亮点。2017年1月1日海南省人民代表大会已开始施行珊瑚礁和砗磲贝（图9）保护规定，希望未来能有效促进南海海洋生态环境的改善。

图9 蓝洋岛的巨砗磲贝已成为潜水客心目中摄影的焦点，可说是观光业的水晶宫金鸡母。

四、到南沙群岛第一个人工岛——弹丸礁潜水

南沙群岛的弹丸礁（Layang Layang Island，拉央拉央岛、燕子岛，马来西亚华人称为"蓝洋岛"）位于南中国海南沙群岛的东南边（7°23'N，113°50'E），原是一封闭型环礁，东西向长约7.4公里，南北向约3.7公里；中间为潟湖，无天然潮汐通道；沙滩上原本栖息许多海鸟，造人工岛后将海鸟迁移到附近人工礁上繁衍。距离太平岛约200多公里。此环礁由马来西亚于1977年派军占领，距离马来西亚沙巴省约300多公里，并且在1991年开始在珊瑚礁上填海造陆修筑了1500米机场跑道，建了军事设施，并开发成五星级潜水休闲度假村（图10），在每年的3—8月开放，吸引非常多的欧美和日本等国的潜水爱好者前往。

图10 蓝洋岛（弹丸礁）在马来西亚政府全力开发成潜水度假村后，每两年举办一次国际潜水摄影比赛。

本人于2005年5月组团前往，六天的潜水团费比其他东南亚潜水据点的消费高出许多。原因是从台湾地区出发到东马来西亚沙巴省阿皮亚机场后，还需再换小飞机前往，岛上所有食物来源全靠飞机运补，确实不容易。令人惊讶的是潜水度假村大门入口就在跑道边，从停机处走到大厅不到50米，各项设施完善，有77间空调客房，有可容纳200多人的会议室和每天供应五次餐点的大餐厅，还有纯淡水的游泳地；至于潜水专用码头和潜水设备、导潜解说和9艘十人座的快艇，都是服务周到的潜水软硬件设施。整体而言，在台湾各地就找不出任何一家潜水公司或度假村能与其匹敌。除了海军舰艇和空军驻军之外，全岛有50多名服务人员服务潜水客，这些令人深感不可思议，何以马来西亚办得到呢？其实本人在该岛上五天，吃住均十分舒适，但深感非常不环保，毕竟全日吹送的冷气客房和无节制的淡水供应，令人感受不出这里是距离本岛沙巴约200多公里外的小岛。

　　马来西亚前总理马哈迪是积极经营弹丸礁的推手，不但全力支持兴建人工岛，设置度假中心；还炸开环礁，挖掘航道，并将其珊瑚礁砂石回填造陆，修建码头与机场等，采取的是先大肆破坏再大力建设的策略；除了要争主权外，也不忘大声疾呼保护珊瑚礁生物资源，并且在其附近沿近海禁止任何渔船捕捞海洋生物；同时聘请国内外海洋生物学者进行多年期的调查研究弹丸礁的海洋生态，并出版专书广为宣传其海底景观之美。特别是强调成立海洋公园与海洋保护区的重要性，自认为是保护人类自然遗产——珊瑚礁生物多样性的种原库及其渔业资源。同时又招商成立潜水度假村，20多年来已发展成为著名的潜水度假乐园，深受居住在寒带北欧国家的潜水客所喜爱。因为当地保护珊瑚礁生物的成效卓著，让潜水客可以观赏到上千尾的六带鲹鱼群（图11）、锤头鲨、巨砗磲贝、海扇珊瑚林，多采多姿的珊瑚礁鱼类与五颜六色的底栖无脊椎动物等，恢复热带珊瑚礁海底应有的景观。如此一来，不但吸引无数的观光客，同时达到其宣示拥

图11　上千尾六带鲹鱼群巡游形成鱼群风暴，十分壮观，是蓝洋岛潜水观光的明星物种。

有主权的国际通行证的目的。

五、宏观的蓝海地球村思维

珊瑚礁是大洋沙漠中的绿洲，又有海洋中的热带雨林和海底花园之称，并且拥有非常高的生产力和生物多样性。近数十年来珊瑚礁更成潜水者的乐园，也是海洋游憩观光活动的胜地，为当地带来可观的观光收入。各国对其珊瑚礁生物资源早已积极调查研究，甚至马来西亚政府在1983年占领南沙群岛的弹丸礁后，已积极开发成为国际潜水度假岛，同时也保护了海域内所有的珊瑚礁生态资源。若能在南沙群岛各国放下主权争议，实施区域合作管理，包括大幅减少渔船数量，限制某些渔具及渔法，就会有助于南海渔场的永续发展。

图12 2017年5月调查团队19人，于太平岛码头与"渔业署"渔训贰号船员完成第一次调查工作后，一起合影。

会议综述

2017年海峡两岸南海问题学术研讨会综述

2017年11月9—10日，由中国南海研究院主办的"第十五届海峡两岸南海问题学术研讨会"在海口召开。本次会议为期两天，海峡两岸60余名专家学者及新闻媒体代表围绕"当前南海形势评析""仲裁案后国际体系与南海的挑战""南海形势与区域外交挑战""南海新形势与合作展望""中美关系与南海形势影响评估""当前两岸关系与南海政策互动"等议题进行了深入研讨。

中国南海研究院院长吴士存、台湾政治大学台湾安全研究中心主任刘复国和外交部边界与海洋事务司参赞贺湘琦分别作开幕致辞。吴士存认为，当前南海形势虽趋缓、降温，但领土争议和海域管辖权争议等实质性问题并未解决，仍面临美国、日本等域外大国介入，"南海行为准则"文本磋商，少数国家在南海争议地区单边行动等不确定性的挑战。他指出，民进党上台以来，两岸关系面临沟通机制停摆、交流渠道受阻等不利因素，两岸南海合作前景不容乐观。但两岸南海问题学术交流合作应克服困难，以"人脉不散、关系不断、机制不停"为原则，合力维护南海问题学术论坛、两岸青年学生南海主题研习营、两岸南海地区年度形势评估报告等既有机制正常运作，并可利用中国—东南亚南海研究中心、中国—东盟海洋法律与治理高级研修班、中美研究中心等平台，加强两岸在南海渔业资源养护、南海生态监测等领域的合作。刘复国表示，在当前形势下，维持两岸学术交流机制十分不易，希望两岸能以更包容、开放的心态和精神加强交流互动，克服困境，共同探索在人道救援、渔业、历史文献梳理等领域的合作空间。贺湘琦强调，南海是中华民族的祖产，两岸应加强协调共同维护南海领土主权和海洋权益。

议题一　当前南海形势评析

台湾政治大学台湾安全研究中心副主任胡瑞舟教授分析了当前南海形势的挑战。胡教授从仲裁未让南海争端翻页、杜特尔特现象仍潜藏变数、南海扮演中美竞合杠杆、中越冲突依旧危机重重、域外诸国借机插足牟利、南海仍是潜在冲突热点、南海资源有效开发利用、南海互动牵连两岸关系等八方面分析了当前南海形势所面临的挑战。

南京大学中国南海研究协同创新中心副主任冯梁教授则分析了当前南海形势发展趋势和战略研判。冯教授认为当前南海形势呈现趋缓向好的总体发展趋势。主要有以下几个方面的原因：1. 中国既坚持底线又保持稳定的政策，促进南海局势稳定；2. 南海争议各方顺应时代潮流把握时局变化，及时改变对华强硬政策；3. 中国—东盟启动COC谈判进展，双方战略互信有所提升；4. 域外国家南海政策暂不明朗，客观上也有利于南海安全局势降温这四个特点。未来，围绕岛礁主权和海洋权益斗争暗流涌动，存在发生海上危机的极大可能。主要表现在以下几个方面：1. 南海争议方巩固维持侵占岛礁的政策不会变，侵权和维权斗争将长期存在；2. 南海争议国内部亲美反华势力伺机行动，将搅动引发南海安全局势出现新变故；3. 相关国家增大海空力量南海活动频率和强度，导致区域内舰机意外遇险可能性大大增加；4. 域内外国家企图借COC束缚中国；5. 台湾当局南海政策倒退，引发南海问题的新的国际斗争。冯教授还认为，当前中美围绕南海事务主动权博弈趋于激烈，成为影响南海安全局势的主要矛盾。包括：1. 美国频繁单独或组织多国在南海执行"航行自由行动"，导致舰机对峙摩擦概率大增；2. 美国干扰中国岛礁建设的海空行动，会引发中国对美海空力量的强力反制；3. 美国其他盟国组织的海空巡逻行动，会引发南海局势出现新的动荡；4. 以美国为首的西方国家企图借"基于规则的秩序"规制中国，引发舆论和法理的新斗争。

台湾政治大学台湾安全研究中心顾问戴孝君从地缘政治和地缘战略角度来分析当前的南海现状与挑战。戴孝君认为，美国为展现太平洋之强权地位，于亚太地区所扮演的角色越为具体。奥巴马时期多次表示将重返亚太地区"再平衡"战略部署与关注东海、南海情势发展；而特朗普上任后，面对现今朝鲜半岛之威胁与转变，东北亚局势亦牵动美国积极面对现今亚太环境以调整其政策与立场；相较以南海为主之东南亚局势上，却因南海仲裁案而加速了"南海行为准则"制定之推进与对话。2017年马尼拉召开第50届东盟外长会议中，就"南海行为准则"（框架）进行讨论，以稳定区域安全及经贸发展议题，确立尔后"南海行为准则"之实质性磋商。然美国、日本、澳大利亚除表态要中国大陆确保海域之航道安全，及遵守常设仲裁庭对中菲争议海域裁决，究竟各方应如何"斗而不破"地避免冲突，正考验着未来各方能否协议争议区域之航道安全与建立机制，以寻求研讨共同开发之可行性。然而，中国大陆在突破第一岛链走向太平洋之际，正运用军事现代化来展现地缘政治与经济战略实力，而南海依旧为中、美角力之场域；因此，中国大陆也将面对区域能源开发与"陆上、海上丝绸之路"区域发展之冲突课题，以解决与确保能源以及掌握贸易安全。而在此地缘战略关系之相互牵动与主客观环境下，也对现今亚太航道安全与区域经济整合形成挑战。

暨南大学国际关系学院教授、华侨华人研究院副院长鞠海龙则以当前网络新媒体为出发点来研究南海问题国际话语权的影响。鞠海龙教授以国际知名的新媒体Facebook为研究载体，以菲律宾和中国的主要账号为研究对象，以2015年1月1日到2017年8月31日为研究时间段，分析新媒体对于南海问题国际话语权的影响。通过分析认为：1.南海问题国际话语权的构建要素多样化、复杂化；内容议题聚焦化、冲突化；立场差异明显化；2.新媒体与传统媒体优势差异化；传播内容简单化、感性化；新媒体相对传统媒体理性进一步淡化；3.个人意见领袖影响力突然崛起可能性增强，国际话语趋势可控性、可预见性减弱；4.南海问题的外延从国家主权、国际关系、国际法继续扩散，与民族主义情绪关联性增强，南海争端出现进入宗教讨论的迹象。最后，鞠教授建议：研究无禁区。以媒体为对象的研究可能是两岸合作的一个新空间；台湾地区媒体作为被研究对象与大陆、越、菲、美、日等国的比较可以描绘南海问题国际话语权地区、全球图谱，为未来南海问题的趋势、焦点、热点研究提供依据；人工智能技术的介入和超越传统的当代南海问题的大数据成为研究议题。

议题二　仲裁案后国际体系与南海的挑战

英国中央兰开夏大学法学院终身教授、浙江大学光华法学院教授邹克渊针对南海地区国际秩序重构提出几点思考。邹教授认为南海仲裁案以国际法为伪装对南海地区的和平与稳定造成了极大的破坏。这种破坏是长期的、深远的，值得我们持续关注并准备相应的应对措施。针对仲裁案，邹教授认为，第一，仲裁案本身不是国际法的一部分，也不是国际法的主要渊源，而只是辅助渊源。第二，仲裁案并没有达到解决争端的目的，而是美国"亚太再平衡"战略的一部分，打开了西方所谓的航行自由的大门。这样的裁决打击了很多国家对《联合国海洋法公约》和建立国际法秩序的信心。第三，仲裁庭不是造法机构，裁决也仅仅是参考资料。针对区域法律秩序问题，邹教授认为目前区域层面的国际法比较零碎和不全面。针对"南海行为准则"，中国应积极应对，提出自己的版本。

海南大学法学院教授高圣惕探讨了菲律宾南海仲裁案和台湾地区因素。高教授认为，2016年7月12日，南海仲裁案仲裁庭作出了明显偏袒菲律宾的裁决。对于本案，中国大陆坚持"不接受、不参与"的政策；台湾当局则自2015年7月7日加入与菲方的舆论战。尽管台湾当局并非代表中国的合法政府，但因南海断续线最初于1947年民国政府公布，国际社会仍有人对台湾方面澄清南海断续线有所期待。此外南沙群岛中最大地物太平岛的法律地位问题在本案中也至关重要，由于该岛为台湾方面实际控制，因此台湾掌握有关太平岛的法律地位的重要信息。高教授在报告中回顾了台湾参与南海仲裁案的过程，并分析了台湾的参与在仲裁程序中的意义。

中国海洋石油总公司经济技术研究院能源经济研究室主任张良福则以《新时代下的南海局势变化与未来挑战》为题介绍了当前南海形势。张研究员认为，中国在南海地区有六次飞跃：1909年收复东沙、巡视西沙。1930—1935年成立水陆地图审查委员会，公布官方地图。1946年收复南海诸岛。1974年西沙自卫反击作战。1988年进驻南沙部分岛礁。2012年成立三沙市，进行大规模岛礁建设。近年来，南海地区形势发生了重大变化。亚太地区特别是南海地区正在进入战略格局的转换、过渡时期，战略力量对比和南海地区形势总体上在向有利于中国的方向转变。中国塑造南海地区局势和秩序的能力明显增强。尤其是中国稳步推进南沙岛礁建设，大大增强了塑造、主导南海地区局势演变的硬实力；中国成功实现菲律宾单方面提起的所谓南海仲裁案"软着陆"，推动南海问题重新回到对话协商和探讨合作的轨道；与此同时，美日等域外大国频繁在南海进行所谓航行和飞越自由活动,中国在南海方向面临的军事维权压力加大。未来,南海问题有可能继续降温,南海区域合作乃至共同开发有可能取得进展。但南海局势仍然复杂多变。南海岛礁主权和海洋划界争端的悬而未决,将成为继续影响南海局势稳定和中国与东盟国家关系稳定发展的重要障碍。东盟国家内部政局变化有可能使南海局势逆转。围绕有关裁决的法理外交斗争不论是在中国与菲等南海周边国家之间还是与美、日等域外国家之间并未结束。中国在裁决问题上仍然面临严重的政治外交法理斗争。围绕"南海行为准则"问题的较量将继续。中国海上力量的不断增强与中国南海权益继续遭受侵犯之间的矛盾更加尖锐、突出,中国民众要求中国政府要变"被动反应式"为"主动筹划型",乃至强硬应对。"台独"势力的发展,有可能使中国外交、军事斗争的主要方向在台湾问题上,诱发越南等国在南海乘机采取侵权行动。

山东大学法学院副教授戴宗翰通过南海和南极治理机制的比较法研究案例探讨南海争端和平解决途径。戴副教授认为南极与南海同时面临主权争议与潜在军事冲突。南极条约体系是一份专属南极地区的法律建制,其作为南极法律治理机制已有效搁置争议且进行务实合作。比较两争端区域的差异,基于南海现况不适合制定专属南海的法律建制,复以南海全球法律治理机制效果不彰的前提下,主张作为软法性质的南海"区域论坛"因具有弹性故更能凝聚共识,同时借鉴南极经验,未来可在南海"区域论坛"下探讨设立"和平示范区"及"跨政府间高阶论坛"的可行性,以进一步完备南海治理机制。

议题三 南海形势与区域外交挑战

台湾师范大学政治研究所教授王冠雄以《美国航行自由行动:区域安

全的建构或破坏》为题，探讨了美国的航行自由活动对南海问题的影响。王教授认为美国以主张维护南海海域航行自由为名，自2015年10月27日"拉森"号驱逐舰进入南海海域开始，到2017年8月10日"麦凯恩"号驱逐舰进入美济礁附近海域，通过海军力量展现其涵盖海面和空中的"航行自由行动"，在奥巴马政府时期有7次，而在特朗普政府执政至今已经有两次。美国的"航行自由行动"，是美国采取的一个政策，企图利用权力（power），冲击他国的权利（right）。美国的"航行自由行动"近期在南海的实践，法律层面来看，是透过法律的基础来主张其在南海航行自由的权利，从军事方面来向中国展示军事力量，而在外交层面上向东亚地区的所谓盟友展现如果需要，美国是会站出来的。也就是说美国南海"航行自由行动"意涵为挑战和对抗中国大陆填海造陆的做法。对于区域安全形势是否存在挑战呢？基本来说，南海之所以会有争端，有两个方面的意思，一者为岛屿主权的争夺，二者为争夺到的岛屿所衍生出来的海域面积权利。虽与美国没有直接关系，但可为其插足南海问题寻找一个理由。在美国海军行动的影响下，其他国家涉足南海的"航行自由行动"将会增加。美国的"航行自由行动"是在创造还是修改法律制度？是在构建还是破坏区域安全？王老师认为破坏比构建多。

南京大学中国南海研究协同创新中心办公室主任李芸副研究员探讨了三沙市民间外交功能建构的必要和可能。李副研究员从必要性和可能性两方面的分析认为在三沙市的政权建设中，应牢记作为地方政府应该承担的国家使命，通过正式非政府资源的培育，完善民间外交共同的建构。最后建议，三沙市可通过对企业、非政府组织等社会力量的培育，形成民间外交的主体结构，并通过它们的努力，构建与周边国家和地区的民间交往网络。按照十九大提出的"亲诚惠容理念和与邻为善、以邻为伴周边外交方针深化同周边国家关系"，使民间外交成为三沙市"全面、系统、均衡"

发展的重要内容。

中国南海研究院海洋法律与政策研究所副所长闫岩以《"南海行为准则"回顾及案文磋商展望》为题，通过梳理南海形势的演变、《南海行为宣言》和"南海行为准则"的磋商，为达成于我有利的"准则"文本提出思考和建议。闫副所长通过梳理将DOC签署15年来分为四个阶段：1. 2002—2009年，《宣言》效果显著，南海形势总体平稳。2. 2009—2013年，争端国力推南海问题"国际化"、美国"亚太再平衡"战略调整，南海局势升温，《宣言》效力逐渐弱化。3. 2013—2016年，仲裁案导致局势持续升温，"准则"磋商重启并进入"快车道"，中国逐渐主导磋商进程。4. 2016年以后，仲裁后局势趋稳，围绕"准则"的规则制定主导南海形势变化。然后通过分析《宣言》的核心条款和"准则"磋商的争议问题，分析认为当前"准则"磋商仍存在以下几个核心问题：1. "准则"适用海域问题；2. 法律约束力的问题；3. 自我约束的禁止性条款及互信共建；4. 监督执行机制的问题；5. 域外国家参与的问题等。

议题四　南海形势与合作展望

中国社会科学院世界经济与政治研究所国际战略研究室主任薛力研究员以《南海现状与中国应对方略挑战》为题目做了报告。薛主任认为，南海争端虽然目前处于相对平静期，但已经成为中国与东盟关系的短板，并影响到"一带一路"建设在东南亚的落实与"东南亚海丝枢纽"建设。东盟的整体趋势是"安全靠美国"，中国需要着手扭转这个趋势。中国—东盟经济关系的强化无法完全消除南海争端的负面影响。美国也把南海问题当作实施区域力量平衡的抓手，不断通过"航行自由行动"宣示引发南海紧张。但是，作为崛起中的大国，中国在处理南海问题时，有必要跳出南海看南海，制定出新的南海方略，服务以中国崛起为综合性世界大国的战略目标。有了比较清晰的方略，具体应对上将有更大的转圜空间，对东盟不妨身段更柔软，增加吸引力、减少他们的安全疑虑并增加信任；对美舰则必须软硬结合，特别是强化硬的一面。有足够的证据表明：复杂的南海问题，正处于一个有利的时间窗口，中国应抓住机会，调整南海应对思路、制定南海新方略，即从"维权维稳之争"转向"设计多边共赢方案并主导争端解决进程"。这个新方略将有力推进南海争端解决进程，从而为"东南亚海丝枢纽"建设扫除主要障碍。

上海社会科学院法学研究所研究员金永明从国际法角度来分析南海航行自由与安全。金教授认为近年来，美国军舰未经中国政府许可擅自进入中国西沙群岛领海、南沙群岛邻近海域（近岸水域）的所谓航行自由行动，因违反中国的国内法，这种炫耀武力的行为极易推动地区军事化进程。金教授还认为美国所追求的包括南海区域在内的航行和飞越自由，何尝不是中国所追求的核心利益。但针对航行和飞越自由的海洋法规范，因其具有妥协性和模糊性，中美两国存在不同的理解和对立的实践，所以只有加强双方的交流和磋商，才能消弭对其的不同认识和理解，而中美两国在海洋的航行和飞越自由方面存在共同的利益，是必须且可以合作的重要领域，以为进一步丰富和发展海洋法作出贡献，这是双方应该共同努力的方向和目标。

议题五　中美关系与南海影响

国家海洋局海洋战略研究所副所长贾宇研究员从中美关于南海法理认知的差异进行比较研究和研讨，主要从南海问题的界定和对《联合国海洋法公约》认知的差异两方面来分析。中国对于南海问题的界定主要集中在领土主权、海洋划界和资源开发三个方面。而美国谈到南海问题则主要集中在航行自由、专属经济区军事活动和岛礁建设等方面。中方在领土主权问题上主要聚焦于岛礁归属。而南海的海洋划界则非常复杂，解决前景不乐观。而资源开发目前主要集中在南海周边国家在南沙海域的油气资源开发。《联合国海洋法公约》是"海洋宪章"，实质上是特定历史背景下的产物，也是国家间相互妥协的结果，《公约》存在着笼统性、模糊性，也存在灰色地带和被遗忘的角落。因此，中美两国对于《公约》也存在着明显的认知差异。关于"南海断续线"的含义，贾所长认为2016年1月12日中国政府的声明谈到了中国在南海的领土主权和海洋权益包括对南海诸岛的主权；南海诸岛的内水、领海和大陆架；南海诸岛的专属经济区和大陆架；历史性权利。此外，中国政府尊重和支持各国依据国际法在南海享有的航行和飞越的自由。贾所长认为，以上的声明已经完整地解释了中国的南海断续线的含义。而美国则认为虽然美国通过分析新旧断续线地图和中国的各种文件，认为南海断续线是岛屿归属线理由可能更充分些。但中国应该按照公约来清楚解释南海断续线的含义。此外，贾所长还从历史性权利、领海基线和无害通过等三个方面谈了中美两国的认知差异。最后，贾所长分享了几点思考：1.中国是海洋地理不利国家，中国要走向海洋必须要经过这些周边海域。美国是《公约》的主要发起者之一，对《公约》条款的形成发挥了重要影响。2.美国拒绝签署《公约》是一种试图重建强权政治首要地位的表现。3.中国是传统的陆地国家，参加第三次《联合国海洋法公约》会议是中国重返联合国舞台后的第一次重要的国际会议，缺乏经验、准备不足。4.法律是政治的延续，中美关于《公约》解释和适用问题的不同认知在南海问题上有集中的表现。《公约》本身在发展，国际秩序和海洋法也在发生变化，中国的快速发展对国际法有巨大的"需求"。中国目前是第二大经济体，是维护世界和平的重要力量，也需要扮演一个公平合理国际海洋秩序的维护者和亚太秩序的引领者。

北京大学海洋战略研究中心执行主任胡波研究员以《美国南海政策的军事化及其影响》为题目来探讨美国的南海政策。胡波主任认为，特朗普上台后，几乎反对奥巴马政府的所有内外政策，然而，南海政策可能是唯一的例外。南海问题并非特朗普眼下最为急迫的国际事务，特朗普和其内阁成员关于南海问题的对外表态并不多，这些表态也基本上延续了奥巴马政府对该问题的认知和应对思路。当前，南海局势持续走向缓和，在外交、国际法和舆论等手段逐渐式微的情况下，特朗普政府愈加依赖军事手段的作用。主要表现在两大方面：一是针对南海的军事部署和行动都呈明显加强之势，军事手段的风头大大盖过政治、经济和其他手段；二是军事因素和军事手段在美国南海政策中的分量加大，军事手段的使用不仅要达到军事目的，还要弥补政治和外交等其他政策工具的不足。美国南海政策日益的军事化，业已成为阻碍南海局势继续走向稳定的最大障碍；同时，美国南海政策日益增强的军事化色彩，也必然会推高中美南海摩擦与对抗的风险。

武汉大学中国边界与海洋研究院、国家领土主权与海洋权益协同创新中心谭卫元副研究员从历史角度来分析美菲时期美国对南沙群岛的认知与政策演变。谭副研究员认为美国独立后不久，即通过贸易通商与南海产生了联系。而在1898年美西战争后，美国通过《巴黎和约》使菲律宾成为其殖民地，从而使其势力扩展到了南海地区。然而，此时美国虽然身处南海区域，但对南海的认知仅限于贸易通道的自由与安全，并通过多个条约界定了菲律宾的领土范围。也正因为如此，在1933年"九小岛事件"后，当菲律宾部分政客试图提出对南沙群岛的主权声索时，遭到了美国的拒绝。日本占领南海诸岛后，美国意识到了南海诸岛战略地位的重要性，开始关注南海问题，但仍保持"不介入"立场。此后，随着美国在远东太平洋地区对日本的侵略展开进攻，美国逐步介入南海，开始考虑南沙群岛的归属问题并形成初步意见，从而掌握了战后南海诸岛处置的主导权。起初美国强调既不为自己也不为菲律宾谋求南沙群岛的主权，但认为南海对周边国家以及有船只航经这一区域的国家均具有利益，从而为此后其主导的《旧金山对日和约》规定日本放弃西、南沙群岛权利而不明确归属，以及掌控南海争端埋下了伏笔。

台湾政治大学外交系博士王继舜以《中美战略互疑与南海的竞逐》为题目进行报告。王博士认为在20世纪初，美国对于南海并没有展现出太大的兴趣。第二次世界大战结束后，基于同盟关系，美国甚至协助"中华民国"海军接收西沙、南沙诸岛。1968年，联合国发表一个报告，称南海地区拥有丰富的石油资源，堪称"第二个波斯湾"；1969年，由美国科学家组成的考察团对此项报告进行了证实。南海周遭各国随即提高对南海的关注，而身为超级强权的美国自然不会置身于事外。在美苏对抗的冷战时期，一方面是因为第一岛链的封锁，再者苏联最重视的战略出海要地是黑海而非南海，因此南海局势对当时的美国来说并非太大的难题。到了20世纪90年代，苏联解体，中国的海军建设尚处于"近海防御"阶段，美国的海空实力仍远高于中国。然而21世纪之后，随着美国因陷入阿富汗战争泥淖而导致的国力衰疲，加上同时期中国整体实力的崛起，两国出现"战略互疑"，使得南海的争议因为大国政治的因素而更加复杂。

议题六　当前两岸关系与南海政策互动

台湾成功大学政治系教授周志杰从法理面、安全面、经济面及地缘政治层面探讨在中共十九大后及两岸新形势下，两岸双方在南海政策构思及实践上合作的动力及阻力。由于台湾蔡英文"政府""亲美日、远大陆、新南向"的涉外路线选择，两岸在南海议题上的政经与安全合作空间更受制约。"由上至下"的官方或准官方的实质合作或口头声援原已不易，在新形势下更加困难；"由下而上"的延续民间及学术界在国际法、非传统安全、经贸、科研、观光等领域的讨论、倡议及合作调研恐是维系两岸在南海议题交流及合作的主要载体。今后，两岸南海政策合作的空间将更加受到下数变因的影响：（1）两岸关系由冷和平转向冷对抗的趋势是否确立；（2）中美在南海议题上的博弈是否加剧，是否与中美在其他地缘政治上的争端或议题连结；（3）台（湾地区）美安全合作深化对台湾地区在南海作为的制约；（4）蔡英文"政府"是否在国内施政及行政作为层面意图或实质改变"中华民国"的南海法理论述；（5）台湾新南向政策的推动是否连带影响台湾在南海争端上对东协相关当事国的态度或立场。总之，两岸在南海议题上的合作前景，将取决于两岸政治互动的宏观氛围，以及美中台（湾地区）三边关系的发展。

中国南海研究院海洋经济研究所副所长陈平平则从台湾蔡英文当局执政以来的南海政策作为出发点来探讨未来两岸南海政策互动的可能性。陈平平认为蔡英文"执政"后，台湾的海洋政策在其"台独"理念的牵引下，与马英九"执政"时期有了明显的变化和调整。蔡英文的南海政策是其对外政策的一部分，也是其大陆政策的延伸。通过梳理蔡英文上台一年多以来的南海政策作为，从时间上可以大概分为三个阶段：第一个阶段是从"执政"后到仲裁裁决结果出台之前，谨慎应对、模糊处理。第二个阶段从南海仲裁结果出台后到2016年年底，积极但有保留地应对南海仲裁案，并借裁决结果出台之机调整台湾南海政策。第三个阶段从2017年初到现在，以环保生态研究和人道救援基地为由低调扩建和经营太平岛。未来蔡英文当局的南海政策趋势包括以下几点：其一，继续以实际行动将台湾地区的南海"主权"主张集中在东沙群岛和太平岛，而对于南海其他岛礁的"主权"主张则采取模糊策略。其二，放弃南海断续线的可能性增大，并将台湾地区南海政策主张彻底与中国大陆进行切割。其三，继续侧重以国际法和《联合国海洋法公约》来主张南海领土"主权"和相关海洋权益，无视中国在南海的历史依据和历史性权利。其四，继续以所谓"航行自由"和"将太平岛建成国际人道救援中心及运补基地"等议题为由，附和美日等国，并向东盟相关国家"示好"，谋求以"台湾"身份参与南海多边争端解决机制，争取"国际空间"和"国际存在"。最后，陈平平认为南海问题可能成为影响两岸关系的不稳定因素。未来的两岸南海政策互动应以管控为主。

台湾南华大学国际事务与企业学系副教授孙国祥以《南海仲裁裁决与行为准则架构之间互动的探讨》进行了报告。报告认为，自2016年6月以来，三大事件影响了南海争端的动态：杜特蒂于仲裁裁决12天前就任菲律宾总统，特朗普于2017年1月20日就任美国第45任总统，2016年7月12日，根据《联合国海洋法公约》附件七的仲裁庭做出裁决。为了理解仲裁裁决，对东协意味为何，以及某些成员如何反应，报告以相反的顺序扼要地探讨这三事件具有洞察的意义。无论如何，对南海问题而言，从菲律宾提出的仲裁裁决公布到"南海行为准则"架构的宣布签署，是一段非常值得探究的时间段。报告认为仲裁裁决和行为准则处于快速变迁的动态当中，而此动态可以从中国大陆与东协国家之间以及东协内部的互动中探讨。无论如何，行为准则架构的签署，尽管仍有其不足之处，但却展现中国大陆在南海问题的应对能力持续提升。另一方面，未公布但媒体不同揭露的行为准则架构也是报告探讨的重点。

台湾政治大学政治系副教授张登及从法理定位与路径依赖分析角度分析了当前两岸形势和台湾南海政策选项。张副教授认为台湾方面的南海政策选择主要受到四个方面因素的影响。第一是台湾本身的法理定位，第二是台湾经略离岛与南海的能力，第三是民众对政策标的的认知与支持度，第四是国际结构与外部环境因素的影响。张老师认为，这四个方面的变量中最重要的是第一个——台湾本身的法理定位。而这个变量本身又受到朝野竞争与立场分歧的影响。基于政治定位与认同立场差异，如何影响民众认知、如何运用国际推力与压力、如何经略离岛，都受到"路径依赖"的效应主导。定位之外其他三个方面的因素有时也会对"定位"本身形成制约，但这个制约目前还没有产生"反向路径依赖"。在现行执政党"执政"的政策偏好指导下，两岸不容易开展官方与正式的合作。未来的变化，除了选举，主要应关注民众认知与国际形势的后续转变。

（陈平平整理）

2017年中韩海洋合作论坛综述

2017年12月5日,由中国南海研究院、韩国海洋战略研究所(KIMS)和武汉大学中国边界与海洋研究院共同主办的"第四届中韩海洋合作论坛"在海口召开。来自外交部、中国国际问题研究院、中国国际战略学会、中国政法大学、中国海洋大学、厦门大学、复旦大学、韩国海洋水产开发院、韩国国防研究院、韩国海洋科学技术研究院等中韩两国涉海部门、科研院校和知名智库专家学者约60人参加了本届论坛。中韩学者就"海上安全和地区问题管控""海域划界与资源管理""深海和极地事务的协调与合作""海上合作与互信机制化"等议题开展了深入交流,并提出有关政策建议。

中国南海研究院院长吴士存、韩国海洋战略研究所所长李瑞恒和外交部黄海事务大使王晓渡在开幕式上分别致辞。吴士存在开幕致辞中指出,在受到"萨德"问题的负面影响后,经两国高层达成有关共识,中韩关系实现转圜。双边关系的改善对妥善解决中韩两国海上问题,推进海上合作具有积极意义。中韩两国智库可考虑联合启动研究项目,包括评估当前海洋问题,提出解决中韩海上问题线路图;探讨建立联合执法和危机管控机制等。

韩国海洋战略研究所所长李瑞恒在发言中表示,本届论坛议题丰富,且有来自中韩两国涉海领域多个代表性部门和机构的专家学者参与会议与讨论。相信各方能够通过本次论坛建言献策，推动本地区朝着和平、稳定、包容、融合的方向前进。

外交部黄海事务大使王晓渡对会议的成功召开表示祝贺，并希望中韩两国加强"一带一路"框架下的战略对接与务实合作，增进区域经济一体化等领域的协调配合，特别是海洋领域的沟通与合作。双方专家学者应通过深入沟通交流，增进相互理解和信任，为中韩海洋合作和双边关系不断发展做出努力。

议题一 海上安全和地区问题管控

中国国际战略学会高级研究员陈卫以中国特色大国外交理念，作为习近平新时代中国特色社会主义思想的重要组成部分，其基本内容对具体海洋问题有指导意义，如推动建立中国和东盟国家的命运共同体、以"一带一路"倡议为统领的对外关系新格局，中国更加积极地参与全球治理、提出"中国倡议""中国方案"。2018年是中国—东盟建立战略伙伴关系15周年，中国—东盟政治、经济、防务安全和人文合作不断加快，通过共同努力实现了对南海安全风险的有效管控。当前中国和东盟十国达成"南海行为准则"框架文件，并启动了海上紧急事态外交高官热线，再次展现出通过对话协商，妥善处理分歧，维护南海的共同愿望和坚定信念。近年来，中国与东盟国家在非传统安全领域的合作更加广泛深入，但也面临一些具体问题，如情报信息共享机制建设等。

韩国国防研究院安全与战略研究中心研究员金基周认为关于海洋安全，目前世界上还没有一个统一概念，各国使用的概念都有所不同。但威胁海洋安全的因素却有很多相似点。海洋安全可以分为国家安全、人类安全、经济发展和海洋环境等四个范畴。每个范畴中都包含很多细节因素。

在此基础上可以将海洋安全定义为"保证海洋自由利用，维持稳定的海洋秩序"。东亚地区是以国家为中心的海洋秩序和多中心海洋秩序并存的状态。以国家为中心的海洋秩序中包括海洋强国间的海上霸权之争、海上交通要道之争、海军军备竞赛、领土纠纷以及海上军事挑衅。多中心海洋秩序包括海盗、自然灾害、海上意外事故以及海上非法行为。因此，东亚地区在海洋安全领域面临着诸多挑战。为克服各种复杂挑战，大国间尽管存在矛盾和竞争，但更应该相互合作，尤其是中美两国应该进行战略合作。由于领土纠纷带来的影响是致命的，因此必须通过政治对话和协商，和平解决这一问题。同时为了应对非传统、跨越国界的海洋威胁，要加强国际合作和区域合作。

中国国际问题研究院编辑部主任赵青海同样认为对于海洋安全的概念，中国学者也没有统一的界定。中国面临的海上传统安全威胁，主要来自于几个方面：大国竞争，特别是以美国为首的同盟体系对中国的海上围堵；中国与周边部分国家岛礁主权与海洋权益争端；海上军备竞赛。中国一直在努力通过双边谈判的方式解决与周边国家的海洋争端，同时，中日在磋商建立海空联络机制，中国与东盟国家建立了海上紧急事态外交高官热线，中美建立了两个军事互信机制（"重大军事行动相互通报信任措施机制"和"海空相遇安全行为准则"）。

韩国海洋战略研究所研究主任丁三万认为，为了国家安全，每个国家的努力都是理所当然的。印—太战略是防御性措施还是封锁中国的措施，这些问题都需要了解。相互理解是非常重要的。就像很多专家提到的，朋友可以选择，邻居没法选，因此中韩两国合作进行得好，可以共存共荣。

议题二 海洋划界与资源管理

韩国海洋水产开发院高级研究员金元熙介绍了海洋划界和渔业问题的国际判例与国家实践。随着《联合国海洋法公约》的生效,沿岸国的管辖海域由原来的领海—公海二元体制转变为领海—专属经济区—公海多元体制。尤其是《联合国海洋法公约》中新建立的专属经济区制度带来了海域划界的新问题。在《联合国海洋法公约》出现后,国际法院大部分判例的判决都是划定单一海洋界限。为确定单一海洋界限,国际法院在划定界限时须考虑许多相关事项,其中只把与专属经济区与大陆架两片海域都相关的中立事项作为相关事项予以考虑。渔业问题主要与专属经济区相关,所以不被认为是相关事项。只有在如领海内的传统渔业对居民生计造成灾难性影响时,对渔业问题作限制性考虑。但是纵观最近的国际判例,几乎没有一件案例是举证这样的灾难性影响,并将渔业问题作为相关事项的。在不以国际仲裁,而以双方协定的方式进行海洋划界的案例中,有的也考虑到了渔业问题。1978年,澳大利亚与巴布亚新几内亚签订《托里斯海峡条约》(*Torres Strait Treaty*),渔业问题被作为相关事项予以考虑,但这是因为海底管辖权和渔业管辖权分离的可能性很大,所以才考虑渔业问题。但《联合国海洋法公约》生效后,在对专属经济区和大陆架划定单一海洋界限时,《托里斯海峡条约》很难成为一个涉及渔业问题的先例。韩国和中国间的海洋划界谈判还在进行当中。在此情况下,渔业问题能否被作为影响海洋界限的相关事项,预计将成为一个重要的议题。但从目前的国际判例以及国家实践情况来看,除了领海附近的传统渔业问题外,对于专属经济区内具有产业属性的渔业,还不能作为相关事项进行考虑。

中国政法大学国际法学院教授高健军则从国际海洋划界判例中的比例

因素角度展开介绍。国际法院在"北海大陆架案"中指出，划界应在归属于有关各国的大陆架的范围和它们各自海岸线长度间产生"合理程度的比例"，并将其作为划界中应该考虑的一个"因素"。目前国际法庭在划界实践中强调，划界不能造成各方对相关海域的份额与它们相关海岸的长度之间明显的不成比例，并将此种"不成比例检验"作为三阶段划界方法中的最后一个步骤。国际法庭关于比例或不成比例的操作存在诸多不一致。第一，多数案件中适用了比例或不成比例检验，但是在一些案件中并未使用比例检验。第二，在适用比例检验的案件中，前期的重点在于成比例检验，而近来则注重不成比例检验，成比例检验在于表明海岸线的比率和海域的比例之间存在合理的对称关系，而不成比例检验则在于表明这两个比例之间不存在严重的或明显的不对称关系。第三，在具体的操作中，大多数案件中都使用了数字比例的方式，即分别来确定和计算岸线的比率和相关海域的比例，然后再加以对照。然而在一些案件中，如1985年的利比亚马耳他案，2006年的巴巴多斯案和2014年的秘鲁诉智利案，国际法院和法庭没有计算确切的数字比例，而是通过大致的评估来进行比例检验。高教授还提到了国际判例在国家间海洋划界中的意义。司法判例与条约、国际习惯、一般法律原则是不一样的，它只是作为确定法律规则的辅助资料。虽然它可以给国家之间进行划界谈判提供一些借鉴，但是司法判例本身绝对不是国际法规则。

韩国海洋科学技术研究院高级研究员梁熙喆认为计算海岸线长度的方法有多种，今后中韩之间海岸线长度的测量会是技术性问题，预估海岸线长度的测量对两国的协商结果不会产生重大影响。从中韩两国之间大的协商框架来看，所有的因素都可以看作相关的内容，因此渔业问题是可探讨的因素。

厦门大学南海研究院副教授施余兵认为韩国海洋水产开发院高级研究

员金元熙博士提出的在中韩专属经济区和大陆架划界问题中，仿照中越先划界再签订渔业协议的提议是可行的，但同时认为渔业问题可以作为相关情形作为两国海洋划界的考虑因素。他主要从以下三方面来阐述。第一，金元熙博士提出的1984年缅因湾案，认定渔业问题只与专属经济区相关、与大陆架无关，因此在专属经济区和大陆架的单一海洋划界中的渔业问题不应当作为一个相关情形考虑。因为缅因湾案中单一划界的标准是为了解决具体的个案，本身不形成法律规则。而且缅因湾案没有明确地排除渔业因素在领海以外的其他海域划界中的使用。第二，包括缅因湾案在内的一些判例是为了解决个案的。1985年几内亚—几内亚比绍海洋划界案，法庭判决划界案件必须按照个案情况能否获得公平解决作为目的审理，因此不应当从判例里推导出通用的划界标准。第三，中韩两国已经同意通过协议划界，在这个方面，国家实践不同于第三方争端解决的判例，协议划界和第三方解决是两个不同的体系。

议题三　增进深海和极地协调与合作

武汉大学中国边界与海洋研究院及国家领土主权与海洋权益协同创新中心副研究员章成认为极地与深海并列为关乎全人类发展共同命运的战略新疆域。以什么样的方式建构极地和深海的国际治理体系，已成为国际社会讨论的一大热点议题。极地和深海事务涉及内容丰富的诸多方面，围绕极地和深海的治理与合作，无疑有着十分重要的全球治理示范意义。从极地事务上讲，各国的合作治理可分为北极合作治理和南极合作治理。在北极，各项议题都存在域内外国家共同治理的合作空间；在南极，所有的协调合作都围绕着《南极条约》协商国机制进行，但具体运作过程也存在一定的优化空间。而就深海议题来说，矿产、油气和基因资源是当前深海资源开发的主要跟踪研究对象，生物多样性保护和环境影响评价成为深海开发支持体系建设的热点问题，国际合作与协议开发与公海保护区设立等成为国际深海开发关注的重点任务。针对极地和深海事务存在较多共性的事实，各国有必要对其具体议题事项进行系统梳理和重新整合，并进一步完善相配套的具体合作策略。中国希望通过上述多元化、多层次的合作议题主动设计，最终实现各国的互利共赢，并进一步彰显人类命运共同体的理念价值。

韩国海洋科学技术研究院高级研究员梁熙喆介绍了韩国的深海海底、北极政策与中韩合作。他认为，国际海底管理局的深海海底资源开发规则的制定已经正式进行，积极促进各国深海海底矿产的探测和开发向产业化方向转变。随着大陆架界限委员会工作的进行，国际海底管理局管理的深海海底空间正处于渐进式的扩张阶段。韩国正在加快采矿机械的技术商用，目标是到2023年进入商业化开发阶段。韩国正在探测锰结核、海底热液矿床和锰钢矿，制定国内法为商业化铺路。韩国北极政策的制定目标是为了探测资源和参与产业化，主要目的是要通过气候变化等科学研究来造福人类社会。目前韩国的极地政策以南北极，以及北极周边的海洋产业和航道参与为主。韩国大力促进的北极活动主要以航道、资源、气候变化研究、环境保护等领域为中心。其中最有机会的还是海洋产业领域。中韩深海海底领域已经从国际竞争体制转变为合作体制。商业利益主导的技术开发、环境合作等离不开开放的态度。韩国在采矿机械与环境研究领域的研究成果非常显著。而载人潜水艇与深海海底资源探测等方面，中国则独树一帜。两国都是国际海底管理局的缔约国，今后在开发规则等方面也需要合作。进行北极活动需要北极周边国家合作研究并进行封闭式管理。虽然以气候学的角度来看北冰洋是开放的，但是要注意，今后北冰洋可能会渐渐变成一个以北极圈国家利益为中心的封闭的海洋。

中国海洋大学法政学院教授郭培清认为可寻找第三方水域作为中韩双方的合作领域，提升互信，进而外溢到其他领域。深海和北极提供了这样的机会。中韩都将北极纳入了本国的战略，在北极方面有非常大的合作潜力和非常多的共同利益，如中韩两国都重视北极能源开发，将本国港口打造成北极航道的枢纽，因此双方要加强合作、优势互补。合作产生并强化了互信，而不是信任才合作。所以需要加强沟通、培植互信，合作越多，信任会更多，然后反哺合作。

韩国海洋水产开发院高级研究员金元熙认为北极海域沿岸国家会希望通过北极理事会等机构维护自己的核心利益。非北极海域沿岸国家参与北极的资源开发，法律上有无依据这一点有待商榷，即便北极航线开通，需要长期保持航线的安全，因此认为北极航线商用化可能性不高。

议题四　增进海上合作与互信机制化的政策建议

韩国海洋战略研究所研究主任丁三万认为东亚的海洋安全问题日益复杂，并且将会辐射至各个领域。但同时，能够解决这些问题的东亚国家的资源也十分有限。东亚并非一个单一地区，而是由安全形势不一的小地区所组成，因此很难建立一个能够从根本上促进地区国家间合作的统一框架。在这样的形势下，各国正在积极构建东盟中心体制和以美国为主导的辐射状网络，并构筑以小地区为中心的"意愿联盟（Coalition of the Willing）"，自发谋求海洋合作，增进国家间的互信。预计现有的合作方式今后将会持续下去，未来也能有效应对地区多变的海洋安全环境。

中国南海研究院海洋法律与政策研究所副研究员刘晓博分析了中韩海上安全合作的前景与展望。在海上安全领域，中韩双方首先应在避免冲突、不以对方为假想敌等问题上达成共识，并进而建设从两国高层到一线部队，涵盖海陆空全方位的海上安全合作机制。韩国是美国的军事同盟国，通过与美国结盟实现国家安全，而美国又视中国为重要潜在战略对手。因此，中韩两国在安全理念和地区安全秩序的理解方面存在差异。美韩同盟与中韩军事安全合作并不是零和博弈，中韩之间的安全合作应该是与美韩军事同盟能够兼容的合作之道。非传统安全领域的合作敏感度低，易于推进，但是中韩之间以朝鲜半岛安全为核心的传统安全领域合作需求更为迫切。双方可就和平时期预防海空意外事件行动规则专业磋商，以期建立海上军事行动互相通报和预防意外事件行动规则。双方还应研究应对半岛武装冲突的危机管控合作，更有效地发挥现有三个中韩军队热线的作用。

韩国国防研究院安全与战略研究中心研究员金基周认为增进海上合作有一些原则，即不能使海洋领域变成竞争和矛盾的空间，而是变成合作和共同繁荣的空间。因此两国需要进行更多的对话和接触，了解各自的意图，然后才能形成互信。具体海洋合作层面的建议：第一，非传统安全领域的合作相对容易，如共同打击海盗。第二，双边海洋军事合作的加强并将其制度化，建立定期交流的机制。第三，加强军事演习。中韩双方海洋合作层面存在许多既有的机制，当务之急是需要让他们真正发挥切实可行的作用。

复旦大学国际问题研究院朝鲜韩国研究中心主任郑继永认为中韩关系处在慢慢回升的状态，有几个问题需要考虑。其一，中韩加强军事安全合作时，如何将朝鲜因素考虑进来。其二，中韩两国低级军官交流应该增多，增进双方了解。其三，韩国如何看待美国提出的印—太战略。韩国文在寅总统提出的"新南方政策"可以和中国"海上丝绸之路"对接，有助于韩国经济的提升。两国地方政府间海洋合作可以成为两国政府间合作的突破领域。此外中韩双方海洋问题上的新情况需要反映到渔业协定中。

"中韩海洋合作论坛"是中国南海研究院与韩国海洋战略研究所合作框架下的机制性会议,对加强两国智库交流和政策互动,促进中韩海洋合作、管控分歧发挥了积极作用。

(张舒整理)

2017年中日海洋对话会综述

2017年11月8日，由中国南海研究院、日本笹川和平财团海洋政策研究所和武汉大学中国边界与海洋研究院共同举办的"2017中日海洋对话会"在海口召开。来自解放军军事科学院、中科院烟台海岸带研究所、上海社科院、南京大学、浙江大学、复旦大学、中国渔业协会，以及日本东京海洋大学、同志社大学、法政大学、上智大学、国立研究开发法人水产研究教育机构等中日两国涉海研究机构、高校和知名智库的专家学者共约50人参加了此次对话会，就"东亚海洋安全环境""渔业资源可持续利用与管理""海洋治理""海上务实领域的合作"等多项议题进行了深入交流和探讨。

中国南海研究院院长吴士存、日本笹川和平财团海洋政策研究所所长角南笃以及中国外交部边界与海洋事务司参赞贺湘琦在开幕式上分别致辞。吴士存在致辞中分析了近年来中日关系的发展及其面临的挑战，并就中日海洋合作提出三点建议，一是推进中日海上搜救合作，建立共享信息平台，履行国际公约及救助义务；二是履行海洋环境保护的责任和义务，加强海洋治理领域的合作；三是推动渔业合作，加强渔业管理，为解决争议海域的渔业资源管理开展合作。

角南笃在致辞中表示，此次对话会以东亚海域为讨论对象，邀请中日两国涉海领域的知名专家学者探讨相关海上合作议题，希望通过对话会的深入讨论，共同寻求两国海上合作的方向。

议题一　东亚海洋环境安全面临的挑战

本议题主要探讨在"一带一路"建设大背景下，在中日双方认同东亚海洋航行安全重要性的基础上，从安保角度如何实现东亚海洋和谐。

南京大学中国南海研究协同创新中心副主任冯梁教授认为，中日两国在国际海洋事务上面临较大问题，包括海洋利益分歧、国际海洋事务分歧等。同时中日两国也存在合作的空间，双方都有意愿管控钓鱼岛海域危机、对海上通道依赖不断增大、海洋经济方面存在广泛合作领域。因此中日两国需要破除误区，尤其是安倍首相应该转变"逢中必反，逢中必抗"的态度，需要正确认识和正视日本在东亚海洋秩序中的地位；需要在战略上放弃与中国对抗的传统思维；需要正视中国海空力量的合理发展。中国方面也需要适当顾及日本在维护南海通道安全上的利益。中日双方可从以下几方面共同推进东亚海洋和谐：提升海洋经济、海洋科技、海洋生态等领域合作质量；持续推进两国军方的海空联络机制；探讨在东亚共同推进海上通道安全国际合作的可能性；中日美共同推进朝鲜半岛无核化。

日本同志社大学法学部教授浅野亮从"一带一路"的角度分析东亚的海洋安全保障。他认为，"一带一路"可以缓解过剩产能和劳动力，也确保了能源、粮食安全。"一带一路"还承担着"周边外交"的作用。但欧洲已对中国日益强大的影响力保持警惕，并尽量避免过度依赖中国。印度也和中国保持了一定距离。围绕海洋问题，对中国的从众效应和保持势力均衡的考虑，已经超过了东亚范围，今后也可能会持续反复地发生。

中国人民解放军军事科学院战争研究院外国军事研究所研究员江新凤认为，领土主权与海洋权益争端是东亚海上安全面临的根本问题。五年多来，钓鱼岛方面基本达成了"共同管控"的局面，局势总体趋于稳定。东亚海上安全环境依然面临许多挑战，主要包括：第一，领土主权与海洋权益争端是东亚海上安全存在的根本性问题。岛礁主权争议、海域划界争端、渔业纠纷等，是影响东亚有关国家之间关系和地区稳定的根本性矛盾。中日之间存在钓鱼岛主权争议、东海海域划界、东海防空识别区重叠等问题。目前双方公务船在该海域共存，钓鱼岛局势基本趋于稳定，但仍不排除发生摩擦的可能性。第二，美日等域外国家插手南海问题使南海形势变得更加复杂。自"南海仲裁案"落幕后，南海问题总体趋于缓和。但美日等域外国家以"航行自由"为由继续介入南海事务，联手向中国施压。英、法等国也声称将到南海巡航。域外国家的频频介入，使得南海问题的解决变得更加复杂而棘手。第三，"台独"势力的分裂活动威胁两岸的和平与稳定。蔡英文上台后，拒绝接受"九二共识"，奉行"台独"路线。美国特朗普政府继续对台（湾地区）军售也助长了"台独"气势。在此基础上，她提出实现和谐海洋的建议如下，加强交流，增信释疑；和平相处，求同存异；加强合作，互利共赢；危机管控，防范不测。

日本笹川和平财团海洋政策研究所海洋研究安保组长兼主任研究员仓持一提出，"一带一路"构想和日本安倍首相提出的"俯瞰地球仪外交（地球仪外交）"都是站在比以往任何时候都要高的视角，俯瞰式地推进以外交、安全保障、经济等作为各自重要政策基础的国家战略，其基本的思想观念是相同的。日本经历了"失落的20年"，经济还没有完全恢复，而且面临劳动人口不断减少的问题。中国同样也面临经济增长可持续的问题。两国要避免国际关系中的"修昔底德陷阱"。日本海洋政策研究所率先提出"欧亚大陆蓝色围带"的新概念，从海洋安全保障的观点出发展开研究，对世界的海洋安全保障提出了新的蓝图。

议题二 渔业资源可持续利用与管理

本议题主要探讨中日两国各自在水产资源的保护和可持续利用方面的政策，包括如何管理非法、未报告、未受规范（IUU）捕鱼行为，以及以建立海洋保护区为代表的资源保护和再生等领域的政策现状和成果。

日本国立研究开发法人水产研究教育机构理事远藤久就日本渔业管理的历史、现状和成果进行了介绍。他认为，日本历史上就形成了捕鱼传统和规则，这些成为现代渔业管理的基础。现在的渔业管理是根据日本渔业资源的特点进行的。日本渔业特点在于处在中纬度地区，可捕捞量有限，因此对渔船、渔具和捕捞量进行了限制，同时采取政府管理和渔业行业自主管理相结合的措施。未来渔业管理的发展方向主要包括：第一，明确资源管理目标基准。第二，通过数量限制充实渔业管理。第三，搜集专属经济区内外国渔船捕鱼活动信息并进行监管。第四，对于尚未进入资源评估鱼种名单的鱼类，应当逐步被纳入评估名单。第五，对于专属经济区内外非法捕捞活动，应加强国际对话与合作，并将相关信息划归单个部门管理。

中国渔业协会会长赵兴武重点介绍了中国的渔业发展战略。他认为，中国的海洋权益与海洋保护观是"一滴水不放弃，一滴水不污染"。中国作为养殖渔业强国和水产品贸易大国，历来十分重视对渔业捕捞活动的监管，不断健全相关法律制度体系，加大对非法捕捞的打击和处罚力度。同时注重国际间合作，与有关国家和地区开展联合执法，共同打击公海非法捕捞行为。中国政府在进出口环节对特殊捕捞水产品实施合法性认证，在产地准出和市场准入上严格把关，防止IUU水产品流向市场。

笹川和平财团海洋政策研究所海洋环境部部长威尔夫·施沃茨借助经

济学分析方法介绍了日本的水产政策。他认为,近年来作为市场基础的、以水产资源管理的有效性为主轴的产业政策和企业努力受到了广泛瞩目。但是,当我们观察全球资源的状况和水产价格的变化时,可以清楚地发现,基于供需理论的水产品价格与资源的关联性对资源枯竭的抑制作用并未发挥效果。原因是全球化水产市场定价体系的崩溃和消费者对资源情况的认识偏差,以及复杂的供应链中激励生产者努力的措施在市场上并未发挥有效作用。即使在日本,纵观水产品供应链的全貌,即国内渔业对沿海区域社会的经济作用时,会发现从数据缺口到治理多样性等均存在诸多问题。

台湾师范大学政治学研究所教授王冠雄分析了渔业资源的可持续利用与管理,认为蓝色经济下的渔业资源开发与利用问题,涉及国家及区域性海陆资源的重新配置,海洋环境的整治与自然灾害防治需要系统性整合。联合国粮农组织调查表明,不同国家和地区对于鱼产品的依赖程度不同,亚洲地区较高,日本依赖程度更高,很多鱼种面临过度捕捞的问题。渔业管理不能单纯从捕捞层面进行管理,还需要考虑贸易行为,国际社会对于海洋生物资源管理的态度从占有与利用发展为养护与管理,一是对于海洋生物的种群保护,二是借助规范性管理开展合作。中国受到地理影响在海洋资源拥有量上处于弱势地位,缺少大型渔业资源捕捞区。渔业资源管理的政策作为上,比较明显的做法是采取伏季休渔的管理政策。伏季休渔可以有效保护海洋生物的产卵群体。与此同时,良好的渔业治理包括注重食品卫生和粮食安全、打击非法捕鱼行为、加强相关科学研究等,因此需要加强国际合作。

议题三　海洋治理

本议题主要讨论中日两国在海洋管理、海岸带综合治理、离岛管理、海洋环境保护及海域利用等方面的政策和成果。

上海社会科学院法学研究所研究员金永明介绍了中日海洋事务高级别磋商机制的由来与发展。从中日关系的发展进程来看，海洋问题无疑是影响两国关系的重要关键因素，因为海洋问题涉及历史性、敏感性、复杂性及感情和双方国家利益的要素，虽然双方不可能做出妥协和让步，但是中日两国之间针对海洋问题的对立做出了很大努力，包括已就海洋问题举行了7次磋商。在此情况下，日本对于南海仲裁案的立场也影响到了中日关系。尽管如此，该磋商机制依然发挥了一定的作用和效果，主要表现在：第一，中日两国政府均有政治意愿维护东海安全与和平。第二，在不同的海洋机构之间已设立了联络协调机制。第三，海洋合作领域的广泛性和拓展性，包括海上垃圾的处理，海上搜救已经达成了初步的协议。对于未来的发展，金研究员提出四点建议：第一，努力保持中日高层互访和海洋事务磋商进程，包括提升中日海洋事务高级别磋商机制的层级；第二，创设并展开实质性的中日海洋对话会议，补充政府之间的、官方的交流机制；第三，加强中日两国之间正面的、积极的、有影响力的合作领域的宣传力度，使老百姓的民族感情、对日感情、对中感情进一步提升；第四，加强双方人员的交流和文化互信活动。

笹川和平财团顾问寺岛纮士则介绍了日本海洋治理的措施和未来的方向。随着20世纪下半叶地球人口数量的增加、科技进步、殖民地独立以及对海洋资源和环境问题关注度的增长，世界各国都加强了海洋治理相关措施，实现了在《联合国海洋法公约》框架下的海洋新秩序的构建以及可持续发展相关的国际性举措。日本也参考日本财团和海洋政策研究所的政策建议等制定了海洋基本法。内阁决议通过了海洋基本计划，正在着手推进海洋的综合治理和可持续发展利用。此外，日本正在就计划于2018年春天提交内阁决议的第三期海洋基本计划进行讨论。但是在广大的海洋空间问题上，在《联合国海洋法公约》的新的法律体系下，沿岸国纷纷扩大管辖海域，旧有的格局处于重组过程中。因此，在由若干国家包围的海域，围绕海洋空间的管理，各国关于管辖领域及海域的主张出现对立，且该对立日渐尖锐，这其中包括有着众多国家的东北亚和东南亚地区。因此认为海洋问题的研究需要有关国家的合作，各国间建立对话机制，引入第三方参与，同时海洋专家应该再密切研究《联合国海洋法公约》的法律解释以及法律条款的适用。

中国科学院烟台海岸带研究所研究员杨红生基于海岸带区域盐碱地开发与海洋牧场产业发展现状与需求，论述了海岸带生态农牧场的建设理念和内容。他认为，在全球气候变化及人类活动加剧等背景下，我国海岸带区域发展遭受显著影响，生态脆弱性异常突出，面临诸多严峻挑战。目前，海岸带区域相对独立发展的盐碱地农业、滩涂养殖和海洋牧场，已无法满足现代农业的发展要求。因此当前亟待查明陆海连通性的影响机制和调控途径，采用新设施和新工程技术，建立基于生态系统管理理念的海岸带生态农牧场新模式。

东京海洋大学学术研究院海洋政策文化学部门教授娄小波从地域角度分析日本的沿海地区治理。战后日本对沿海地区的利用随着时代的推移出现了多样化、复杂化、高度化的发展。沿海地区的问题也随之呈现出多样化和复杂化的特征。主要的事例有，20世纪50年代的"渔业调整问题"；60年代到70年代之间的"填埋问题"和"海洋环境污染及公害问题"；80年代的"资源管理问题""环境再生问题"；90年代海洋休闲的"利用调整问题"；2000年以后的"国土保护问题"等。为解决这些问题，从正式到非正式的各种层面都有所行动，其治理模式也涵盖了行政管理（有管理权者的管理）、自主管理（有使用权者的管理）、居民参与型管理、协调合作型管理、共同管理、适应型管理和综合型管理等多种方式。

议题四　海上务实领域的合作

本议题从多领域、多角度出发，探讨拓展中日两国海上务实合作，以及在操作层面建立信任的可能性。

日本上智大学法学部教授兼原敦子认为中日在东海方面已经有一些双边合作，渔业协定、科研通报、资源联合开发等，但最近出现了一些后退的趋势。日本强调确保海洋权益的重要性和海洋法律支配的重要性。在国家主张海域出现重叠的情况下，多方面的海洋利用会对海洋安全环境产生影响。中日两国在海洋自由和航道安全方面存在共同利益，合作空间很大，如共同打击IUU捕鱼等。两国应促进政策协调和信息共享，为保护海洋环境作出贡献。

复旦大学海洋战略研究中心主任高兰认为中日之间最大的问题是相互认识不足和缺乏互信。日本一直不愿加入"一带一路"倡议，也尚未决定是否参加亚洲基础设施投资银行。这是因为20世纪80年代以来，日本曾向很多"一带一路"倡议签署国家提供发展援助和贷款，因此担心随着"一带一路"的推进，中国的地区影响力不断增强，而日本此前对这些国家的援助被淡化、销蚀，影响力下降。中日实现合作的前提是对各自关切相互理解和信任，在具体合作层面上，亚洲开发银行和亚洲基础设施投资银行可以优势互补；高铁和核电站项目、反恐、海上搜救、海上生态环境治理、海洋国际治理机制建设等方面有合作空间。

武汉大学中国边界与海洋研究院讲师王竞超从马六甲海峡海盗治理的角度探讨中日合作。马六甲海峡是重要海上战略通道，2009年日本制定了《应对海盗法》。中日实现双边合作具备法律基础和现实基础。从法律角度看，双方都是《联合国海洋法公约》《抑止危害海上航行安全非法行为公约》(SUA)《亚洲地区反海盗及武装劫船合作协定》(ReCAAP)的缔约国。从现实角度看,中日双方有共同的利益。但是目前面临一些挑战,如当前合作较为松散、两国政治互信不足、马六甲周边国家对中日两国介入海盗治理事务有疑虑等。未来双方可以区别对待海洋争端与区域海洋合作,向相关国家提供较为迫切的国际公共产品,在联合巡航和信息共享方面继续合作。

"中日海洋对话会"是中国南海研究院与日本笹川和平财团海洋政策研究所于2016年共同发起的学术交流项目,旨在为两国涉海研究机构和学者提供稳定、机制化的沟通与交流渠道,从而推动中日双方在海洋安全、海洋治理等领域的协调与合作。

(张舒整理)

图书在版编目（CIP）数据

南海评论.2/吴士存主编.—北京：世界知识出版社，2018.9

ISBN 978-7-5012-5804-8

Ⅰ.①南… Ⅱ.①吴… Ⅲ.①南海—国际问题—文集 Ⅳ.①D815.3-53

中国版本图书馆CIP数据核字（2018）第177952号

责任编辑	袁路明
责任出版	赵 玥
责任校对	陈可望
封面设计	田 林

书 名	南海评论2 Nan Hai Pinglun 2
主 编	吴士存
出版发行	世界知识出版社
地址邮编	北京市东城区干面胡同51号（100010）
网 址	www.ishizhi.cn
电 话	010-65265923（发行） 010-85119023（邮购）
经 销	新华书店
印 刷	艺堂印刷（天津）有限公司
开本印张	980×680毫米 1/16 11½印张
字 数	180千字
版次印次	2018年11月第一版 2018年11月第一次印刷
标准书号	ISBN 978-7-5012-5804-8
定 价	80.00元

版权所有 侵权必究